Cyrill Seifert
Typenkompass Loks der RhB
Rhätische Bahn seit 1889

Vorbeifahrt eines Allegra-Triebwagens: Auf der Strecke Davos – Filisur befindet sich der eindrucksvolle Bärentritt.
Foto: © RhB / Tibert Keller

# Typenkompass

Cyrill Seifert

# Loks der RhB

Rhätische Bahn
seit 1889

transpress

Einbandgestaltung: Dos Luis Santos
Foto: C. Seifert

Bildnachweis:
Die zur Illustration dieses Buches verwendeten Aufnahmen stammen – wenn nichts anderes vermerkt ist – vom Verfasser.

Eine Haftung des Autors oder des Verlages und seiner Beauftragten für Personen-, Sach- und Vermögensschäden ist ausgeschlossen.

ISBN 978-3-613-71412-0

Copyright © by transpress Verlag, Postfach 10 37 43, 70032 Stuttgart.
Ein Unternehmen der Paul Pietsch Verlage GmbH & Co.

1. Auflage 2011

Sie finden uns im Internet unter
www.transpress.de

Nachdruck, auch einzelner Teile, ist verboten. Das Urheberrecht und sämtliche weiteren Rechte sind dem Verlag vorbehalten. Übersetzung, Speicherung, Vervielfältigung und Verbreitung einschließlich Übernahme auf elektronische Datenträger wie DVD, CD-ROM, Bildplatte usw. sowie Einspeicherung in elektronische Medien wie Bildschirmtext, Internet usw. ist ohne vorherige schriftliche Genehmigung des Verlages unzulässig und strafbar.

Lektor: Hartmut Lange
Innengestaltung: Ralf Weinreich, ERWE-WERBUNG
Druck und Bindung: Appel & Klinger, 96277 Schneckenlohe
Printed in Germany

# Vorwort

Die meterspurige Rhätische Bahn (RhB) gehört zu den bekanntesten und beliebtesten Privatbahnen weltweit. Nicht nur die Glacier- und Bernina-Expresszüge, sondern auch ein interessanter und abwechslungsreicher Triebfahrzeugpark machen die RhB für viele Bahnfans zu einem beliebten Reise- oder Ausflugsziel. Unterdessen sind die Albula- und die Bernina-Linie als UNESCO-Welterbe anerkannt worden.

Was vor über 120 Jahren mit Dampfloks begann hat sich bis heute zu einer unverzichtbaren Privatbahn entwickelt. Auch der Güterverkehr spielt, im Gegensatz zu vielen anderen Schweizer Privatbahnen, nach wie vor eine wichtige Rolle. Der Fahrzeugpark und die Infrastruktur wurden in letzter Zeit verjüngt und den heutigen Bedürfnissen angepasst.

Die RhB und ihre Mitarbeiter stehen zu ihrer interessanten Geschichte, das zeigt die Anzahl an Vereinen, die sich mit der Geschichte von Strecken und Fahrzeugen der RhB beschäftigen, und nicht zuletzt an der Anzahl der erhalten gebliebenen historischen Fahrzeuge. Eine Reise in die südöstliche Ecke der Schweiz gehört nach wie vor für jeden Eisenbahnfan zum Pflichtprogramm.

Cyrill Seifert, Effretikon (CH)

Dampflok G 4/5 108 überquert mit ihrem Sonderzug die Rheinbrücke bei Reichenau-Tamins.
Foto: © RhB

# Inhalt

| | |
|---|---|
| Impressum | 4 |
| Vorwort | 5 |
| Inhalt | 6 |
| Einleitung | 8 |
| **1. Streckenlokomotiven** | |
| G 3/4 1-16 | 26 |
| G 2 x 2/2 (G 2/2 + G 2/3) 21-32 | 28 |
| G 4/5 101-129 | 31 |
| Ge 4/4 181 | 33 |
| Ge 4/4 182 | 34 |
| Ge 2/4 201-207 | 35 |
| Ge 4/6 301/302/391 | 36 |
| Ge 4/6 351-355 | 38 |
| Ge 6/6' 401-415 | 40 |
| Ge 4/4' 601-610 | 44 |
| Ge 4/4'' 611-633 | 46 |
| Ge 4/4''' 641-652 | 48 |
| Ge 6/6'' 701-707 | 52 |
| Gem 4/4 801-802 | 54 |
| **2. Rangierlokomotiven und -triebwagen** | |
| De 2/2 151 | 56 |
| Ge 2/2 161-162 | 57 |
| Gem 2/4 211 | 58 |
| Ge 2/4 212-213 | 59 |
| Ge 3/3 214-215 | 60 |
| Ge 2/4 221-222 | 61 |
| Gm 3/3 231-233 | 62 |
| Gm 4/4 241 | 63 |
| Gmf 4/4 242-243 | 64 |
| **3. Triebwagen/Züge** | |
| BCe/BCFe 4/4 1-14/21- 23 | 65 |
| ABe 4/4 41-46/47-49 | 70 |
| ABe 4/4 51-56 | 71 |
| CFm 2/2 150 | 72 |
| ABDe 4/4 451-455 | 73 |
| BCFe 4/4 481-486 | 74 |
| ABDe 4/4 481-486 | 75 |
| ABe 4/4 487-488 | 76 |
| BDe 4/4 491 | 77 |
| De 474 771 | 78 |
| ABe 4/4 501-504 | 79 |
| Be 4/4 511-516 | 80 |
| ABe 8/12 3501-3515 | 81 |
| **4. Traktoren** | |
| Draisinen | 84 |
| Tm 2/2 11 | 86 |
| Tm 2/2 15-26 | 87 |
| Tm 2/2 68 | 88 |
| Tm 2/2 69 | 89 |
| Tm 2/2 71-73 | 90 |
| Tm 2/2 74-75 | 91 |
| Ta 1/2 80 | 92 |
| Tm 2/2 81-84 | 93 |
| Tmf 2/2 85-90 | 94 |
| Tm 2/2 91-92 | 95 |
| Tm 2/2 93 | 96 |
| Tm 2/2 95-98 | 97 |
| Tm 2/2 111-120 | 98 |
| Taf 2/2 26591-26592 | 99 |
| **5. Dienstfahrzeuge** | |
| Xrotd 9211-9212 | 102 |
| Xrotd 9213-9214 | 103 |
| Xrotm 9214 | 104 |
| Xrote 9215 | 105 |
| Xrotm 9216 | 106 |
| Xrotmt 9217 | 107 |
| Xrotet 9218-9219 | 108 |
| Xm 2/2 9911 (ex 9012) | 109 |
| Xm 2/2 9912 (ex 9015) | 110 |
| Xm 2/2 9912 | 111 |
| Xm 2/2 9913 | 112 |

| | | | |
|---|---|---|---|
| Xm 2/2 9914 | 113 | Die RhB im Internet | 123 |
| Xm 2/2 9915 | 114 | | |
| Xm 2/2 9916 | 115 | RhB Triebfahrzeuge | |
| Xm 2/2 9917 | 116 | bei Privatbahnen/Museums- | |
| Xmf 4/4 9918-9919 | 117 | bahnen etc | 124 |
| Xmf 2/2 9921 | 118 | | |
| Xmf 9925 | 119 | RhB Triebfahrzeuge im Ausland | |
| Xm 2/2 9926-9929 | 120 | (noch vorhanden) | 125 |
| Xmf 6/6 920 20 | 122 | | |
| | | RhB Triebfahrzeuge im Ausland | |
| **Abkürzungen** | 123 | (nicht mehr vorhanden) | 125 |

Ein Dampfsonderzug bei Zernez: Bei den Eisenbahnfreunden erfreuen sich solche Fahrten großer Beliebtheit. Foto: © RhB / Peter Donatsch

## Einleitung

# Auf schmaler Spur ganz groß

Die Rhätische Bahn (RhB) ist heute die führende Eisenbahn mit einer Spurweite von einem Meter in der gesamten Alpenregion. Jeden Tag und zu jeder Jahreszeit verkehren ihre Züge auf einem 384 Kilometer langen Streckennetz durch 114 Tunnel und über 592 Brücken.

Am Beginn des 21. Jahrhunderts ist die RhB ein modernes Verkehrsunternehmen, dem im Kanton Graubünden eine wichtige Verkehrsaufgabe zukommt. Mit rund 1400 Mitarbeiterinnen und Mitarbeitern ist die RhB in Graubünden außerdem einer der größten Arbeitgeber. Täglich bringen die Züge der RhB Tausende von Pendlern von ihren Wohnorten in die Zentren Chur, Landquart, Davos sowie St. Moritz und wieder nach Hause. Sowohl im Winter als auch im Sommer ist die »Kleine Rote« das bevorzugte Verkehrsmittel zahlreicher Touristen, die in Graubünden ihren Urlaub verbringen.

Doch auch der Güterverkehr der RhB hat für die Region noch immer eine herausragende Bedeutung. Und

Die Ge 4/4 II 613 fährt in der Ruinaulta mit ihrem Zug durch die spektakuläre Bündner Gebirgslandschaft. Foto: © RhB / Tibert Keller

Ein historischer Personenzug überquert den 136 m langen Landwasser-Viadukt.
Foto: © RhB / Frank Daniel

als rollende Landstraße durch den Vereinatunnel bietet sie die einzige wintersichere Verbindung zwischen Nordbünden und dem Engadin.

**Die Idee eines Niederländers**
Es war ein Niederländer, der sich maßgeblich für den Bau einer Eisenbahn von Landquart nach Davos einsetzte. Bereits 1866 war Willem Jan Holsboer (1834–1898) – ein ausgebildeter Kapitän und Privatbankier – mit seiner an Tuberkulose erkrankten Ehefrau erstmals nach Davos gekommen. Im Jahr 1867 ließ er sich dort nieder und leitete das Kurhaus Davos-Platz. Nach dem Tod seiner ersten Frau heiratete er 1869 Ursula Büsch, die aus Davos stammte. Holsboer engagierte sich sehr für den Ausbau des Kurortes Davos. 1871 gründete er den Kurverein Davos, der sich um den Ausbau der Infrastruktur kümmerte. So wurde der Niederländer erster Präsident der Davoser Gesellschaft für Elektrizitätswerke.

Eines seiner wichtigsten Anliegen war aber der Bau einer Eisenbahn, die Davos mit Landquart verbinden sollte. Holsboer kümmerte sich um eine ausreichende Finanzierung dieses Projektes. Eine Volksabstimmung im September 1886 erbrachte die notwendige Zustimmung für den Bau der Bahnstrecke. Zwei Jahre später, 1888, nahm Holboer die Schweizer Staatsbürgerschaft an, kurze Zeit später errang er einen Sitz im Großen Rat des Kantons Graubünden.

Im selben Jahr nahm seine Idee einer Bündner Gebirgsbahn Gestalt an, denn es wurde die Schmalspurbahn Landquart–Davos AG gegründet. Wenig später begann der Bau. Am 21. Juli 1890 erreichte der von einer Dampflok gezogene Eröffnungszug von Landquart aus Davos. Der rastlose Holsboer arbeitete zu diesem Zeitpunkt bereits an seinem nächsten Projekt: Dem Bau einer Bahnlinie von Davos über St. Moritz nach Chiavenna in Italien. Das Projekt St. Moritz – Chiavenna wurde endgültig vom Ausbruch des Ersten Weltkriegs verhindert.

Holboer starb bereits 1898 mit 64 Jahren an den Folgen eines Schlaganfalls, sodass er auch die Eröffnung der Albulabahn im Jahre 1904 nicht mehr miterlebte.

**Der Bau der Albulabahn**
Nachdem die Landquart-Davos-Bahn ihre Wirtschaftlichkeit unter Beweis gestellt hatte, kam der weitere Streckenausbau in Gang. Von Herbst 1894 bis Sommer 1896 entstand die Strecke von Landquart über Chur nach Thusis. Folgerichtig hatte man auch den Namen 1895 in Rhätische Bahn (RhB) geändert.

Doch die vordringliche Aufgabe der 1897 nach einer Volksabstimmung zur »Graubündner Staatsbahn« erhobenen RhB blieb die Anbindung des Engadins an das Schienennetz der Schweiz. Daher beschloss die Nationalversammlung in Bern am 30. Juni 1898 den Bau einer dampfbetriebenen Schmalspurbahn durch das Albulatal. Im September 1898 begannen die Bauarbeiten. Die Ingenieure griffen dabei auf

Die Arosalinie ist aufwendig trassiert.
Foto: © RhB / Tibert Keller

*Auf seiner Fahrt über den Berninapass überquert ein Zug die »Wildwestbrücke« bei Alp Bondo.* Foto: © RhB / Marco Hoffmann

ihre Erfahrungen beim Bau der Gotthardbahn zurück. Es gelang ihnen, die Strecke als reine Adhäsionsbahn zu errichten. Um die maximale Steigung auf 35 Promille zu begrenzen, werden zahlreiche Kunstbauten errichtet, darunter mehrere Spiral- und Kehrtunnel sowie zahlreiche Brücken, Galerien und Schutzbauten. Zu den über 70 Brücken zählen damals Aufsehen erregende Bauwerke wie der Landwasserviadukt bei Filisur, der im Radius von 100 m direkt in den Landwasser Tunnel an der gegenüberliegenden Felswand führt.

Eine besondere Herausforderung stellte die Topographie zwischen Bergün und Preda dar. Auf direktem Weg hätten die Züge eine Steigung von 76 Promille überwinden müssen – das wäre natürlich nicht zu bewältigen gewesen. Deshalb ersannen die Ingenieure eine geniale Lösung, mit deren Hilfe sie die Steigung auf 35 Promille reduzieren konnten: Sie

verlängerten die Strecke durch den Bau von Kehr- und Spiraltunnel sowie zahlreicher Brücken von 5 km auf eine Länge von 12 km. Mit dem Albulatunnel, dem längsten Kunstbau der Strecke, wird die Wasserscheide zwischen Rhein und Donau überwunden. Schließlich wird am 1. Juli 1903 der Abschnitt Thusis–Celerina eröffnet. Rund ein Jahr später geht am 10. Juli 1904 die Verlängerung bis St. Moritz in Betrieb. Da der ursprünglich Plan von Willem Jan Holsboer, die Albulalinie über den Malojapass nach Chiavenna zu verlängern, noch nicht zu den Akten gelegt ist, wird St. Moritz als Durchgangsbahnhof angelegt.
Bereits zum 15. Oktober 1919 ist die Strecke voll elektrifiziert, bekannte Lokomotiven wie Ge 4/6 oder Ge 6/6 I versehen den täglichen Dienst.
Auf der Bahnlinie verkehren bis heute legendäre Schnellzüge, wie etwa der Glacier Express – seit 1930 der »langsamste Schnellzug der Welt« – oder der Bernina Express. Die Albu-

labahn ist heute eine der wichtigsten Strecken im Netz der RhB, auf der die Schnellzüge zwischen Chur und St. Moritz im Stundentakt pendeln.

**Das Stammnetz entsteht**
Bis zum Vorabend des Ersten Weltkriegs wuchs das RhB-Netz beständig. Ebenfalls im Jahr 1904 eröffnete die RhB die Strecke von Reichenau-Tamins durch die Vorderrheinschlucht (Ruinaulta) nach Ilanz. Vier Jahre später, 1908, folgte die Bahnlinie von Pontresina nach Samedan. Seit 1909 waren auch Davos und Filisur auf dem Schienenweg miteinander verbunden. 1912 ging die Strecke von Ilanz nach Disentis/Mustér in Betrieb. Den Abschluss bildete 1913 die Eröffnung der Strecke von Bever über Zernez nach Scuol-Tarasp. Letztere war die erste Bahnlinie der RhB, die von Anfang an elektrifiziert war. Als Stromsystem wählte man die auf dem RhB-Stammnetz bis heute übliche Wechselspannung von 11 kV und 16 2/3 Hz (seit 1995: 16,7 Hz). Bis 1922 erhielten alle Strecken des Stammnetzes ausgehend vom Engadin einen Fahrdraht. Noch 1913 erreichte er St. Moritz und hing über der Bahnlinie Pontresina–Samedan–Scuol. Seit 1919 verkehrten die Züge auf den Abschnitten Bever–Filisur–Thusis und Filisur–Davos Dorf elektrisch. Im Jahr darauf wurde die Elektrifizierung zwischen Davos Dorf und Klosters abgeschlossen. 1921 folgte mit dem Abschnitt Klosters–Landquart–Chur–Thusis schließlich der sogenannte Ringschluss. Den Abschluss bildete 1922 die Bahnlinie Reichenau-Tamins–Disentis/Mustér. Die Elektrifizierung erhöhte die Leistungsfähigkeit des Zugbetriebs und machte die RhB weniger abhängig von Kohle-Importen. Weitaus früher als andere Bahngesellschaften konnte sie deshalb auch ihre Dampflokomotiven abstellen.

Nachdem der Beginn des Ersten Weltkriegs den zügigen Ausbau des Netzes gestoppt hatte, erfolgte die nächste große Erweiterung des Streckennetzes der RhB in den 1940er-Jahren durch die Übernahme dreier Bahngesellschaften: der Arosabahn, der Misoxerbahn und der Berninabahn.

Diese Privatbahnen hatten nach dem Beginn des Zweiten Weltkriegs erhebliche finanzielle Schwierigkeiten, da der Tourismus stark zurückging und wichtige Sanierungsarbeiten anstanden. Das 1939 in Kraft getretene Privatbahnhilfegesetz des Bundes knüpfte aber eine finanzielle Unterstützung an die Bedingung, dass sich die Bahngesellschaften zu größeren Unternehmen zusammenschließen. Zum 1. Januar 1942 fusionierte die RhB mit der Chur-Arosa-Bahn und der Bellinzona-Mesocco-Bahn, nach dem die Aktionäre dem Vertrag Ende Oktober 1941 zugestimmt hatten. Ebenfalls zum 1. Januar 1942 hatte die RhB Verwaltung und Betrieb der Berninabahn übernommen, doch erst Ende Juni 1944 stimmten die Generalversammlungen der RhB und der Berninabahn einer rückwirkenden Fusion zu.

**Chur–Arosa-Bahn**

Die Bahnlinie von Chur nach Arosa ist auch bekannt als Arosabahn, Arosalinie, Aroserbahn oder Aroserlinie. Gebaut wurde sie im Jahr 1914 von der ehemaligen Aktiengesellschaft Chur–Arosa-Bahn (ChA), um den Kurort Arosa besser an den Kantonshauptort Chur anzubinden. Wirtschaftliche Schwierigkeiten führten dazu, dass die ChA 1942 mit der RhB fusionieren musste. Doch erst 1997 übernahm die Arosabahn das Stromsystem der RhB.

Dem Bau der ChA war eine rund zehn Jahre dauernde, lebhafte Diskussion um die geeignete Trassenführung der Bahn und die Lage des Bahnhofs in Arosa vorangegangen. Endlich – die Finanzierung des Streckenbaus war noch gar nicht gesichert – konstituierte sich die ChA zunächst provisorisch am 15. Juli 1911. Erst ein Jahr später wurde sie in Chur anlässlich der Generalversammlung auch formell gegründet. Die Mehrheit der Aktien war im Besitz des Kantons Graubünden.

Anfang August 1912 begann man mit dem Bau der Strecke. Gleich zu Beginn gab es eine Änderung: Weil die Stadt Chur den Plan hatte, eine Straßenbahn zu bauen, schlug sie vor, die Strecke direkt durch die

Autoverlad Vereina bei Klosters: Der Transport von Kraftfahrzeugen durch den Vereinatunnel ist ein großer Erfolg für die RhB.
Foto: © RhB / Andrea Badrutt

Stadt zu führen. Auf diese Weise entfiel für die ChA der Bau eines Tunnels und zwei Brücken. Nichtsdestoweniger sorgte die Geländeformation immer wieder für Schwierigkeiten und sogar Rückschläge beim Bau. Trotzdem wurde die Strecke nach einer Bauzeit von nur zwei Jahren am 12. Dezember 1914 dem Betrieb übergeben. Der Verkehr wurde von Beginn an mit 2400 Volt Gleichstrom betrieben. Die Fahrt von Chur nach Arosa dauerte in den Anfangsjahren rund 80 Minuten.

Zunächst war der Betrieb der ChA finanziell erfolgreich, doch die Ende 1930er-Jahre geänderten wirtschaftlichen Rahmenbedingungen bereiteten der Bahngesellschaft zunehmend Schwierigkeiten. Schließlich blieb der Arosabahn keine andere Wahl, als 1942 mit der RhB zu fusionieren. Obwohl zunächst ein Umbau erwogen worden war, behielt sie ihr eigenes Stromsystem. Das änderte sich erst mehr als ein halbes Jahrhundert später, als die Arosabahn zum 29. November 1997 das Stromsystem des Stammnetzes der RhB übernahm. Mit dieser einschneidenden Änderung ging eine Sanierung der Trasse, eine Erneuerung der Stromversorgung sowie der Einsatz anderer Fahrzeuge einher. Während zuvor der Fahrstrom während 83 Jahren von Arosa Energie (Kraftwerk Lüen) bezogen wurde, führt man ihn nun über eine neue Versorgungsleitung vom RhB-Unterwerk in Reichenau-Tamins dem Churer Bahnhof und anschließend der Stadtstrecke zu.

Das Depot Sand war mit der Stromumstellung nicht mehr notwendig und wurde deshalb geschlossen. Die gesamten Kosten der Umstellung – dazu zählten auch die Investitionen ins Rollmaterial und die Verlängerung der Kreuzungsstrecke bei der Station St. Peter-Molinis – betrugen 58,3 Millionen Franken, die der Bund zu 96 Prozent übernahm.

**Bellinzona–Mesocco-Bahn**
Die Bellinzona–Mesocco-Bahn (BM) ist unter zahlreichen Namen bekannt: Misoxerbahn, Misoxerlinie oder italienisch Ferrovia Bellinzona–Mesocco bzw. Ferrovia Mesolcinese. Die ehemals 31,3 km lange Bahnlinie führte ursprünglich von der Tessiner Kantonshauptstadt Bellinzona durch die Bündner Talschaft Misox nach Mesocco.
Bereits 1895 hatte es erste Überlegungen gegeben, die Region mit dem Bahnhof Castione-Arbedo der Gotthardbahn zu verbinden. Schließlich entschied man sich für eine elektrisch betriebene Meterspurbahn. 1905 begannen die Bauarbeiten und am 6. Mai 1907 konnte der 21,4 km lange Abschnitt von Bellinzona über Castione-Arbedo, dem betrieblichen Mittelpunkt der Strecke, nach Lostallo eröffnet werden. Das 9,9 km lange Teilstück zwischen Lostallo und Mesocco ging rund drei Monate später in Betrieb.
Die 31,3 km lange Bahnlinie wurde mit 1500 Volt Gleichstrom betrieben und besaß drei Tunnel, 28 Brücken – darunter drei große Viadukte über

■ 16

den Fluss Moësa – sowie 15 Bahnhöfe oder Haltestellen. Die größte Steigung betrug 60 Promille, der kleinste Kurvenradius 80 Meter.

Pläne, die Strecke von Mesocco über San Bernardino und Splügen nach Thusis zu verlängern und so mit der RhB zu verbinden, scheiterten. Wirtschaftliche Schwierigkeiten Ende der 1930er-Jahre führten dazu, dass die Società Ferrovia elettrica Bellinzona–Mesocco Anfang 1942 mit der RhB fusionierte. Diese modernisierte in der Folgezeit die Fahrzeuge, Gleisanlagen und Stromversorgung. 1955 startete der Rollschemelbetrieb.

In den 1960er-Jahren entschied man sich für den Ausbau der parallel zur Bahnlinie verlaufenden Nationalstrasse A13 zu einer wintersicheren Nord-Süd-Verbindung. Im Jahr 1969 wurde die Einstellung des Personenverkehrs beschlossen, die schließlich am 28. Mai 1972 erfolgte. Die Fahrgäste beförderte jetzt das Postauto auf der neuen Nationalstraße.

Den Güterverkehr zwischen Castione-Arbedo und Mesocco betrieb die RhB weiter. Der 3,4 km lange Abschnitt Bellinzona–Castione wurde dagegen abgebaut. Im August 1978 beschädigten schwere Unwetter den oberen Teil der Strecke stark, dies führte zur Stilllegung und dem Abbau der Strecke ab Cama. Auf dem Reststück zwischen Castione

| Infrastruktur der RhB in Zahlen | |
|---|---|
| Streckenlänge | 384 km |
| Anzahl Haltestellen und Stationen | 103 |
| Tunnels | 114 |
| Längster Tunnel | Vereina mit 19 042 m |
| Gesamtlänge Tunnels | 58 604 m |
| Anteil an Streckenlänge | 15 Prozent |
| Brücken | 592 |
| Längste Brücke | Langwieserviadukt mit 285 m |
| Höchste Brücke | Wiesnerviadukt mit 89 m |
| Gesamtweite Brücken | 15 438 m |
| Anteil an Streckenlänge | 4 Prozent |
| Größte Steigung | 70 ‰ (Berninalinie) |
| Höchster Punkt | 2253 m ü. M. (Ospizio Bernina) |
| Tiefster Punkt | 429 m ü. M. (Tirano) |
| Spurweite | 1000 mm |

Quelle: RhB

**Anzahl der Fahrzeuge 2011**

| Fahrzeuge | Anzahl |
|---|---|
| Panoramawagen (10 GEX, 26 BEX) | 36 |
| Personenwagen | 246 |
| Steuerwagen | 23 |
| Offene Aussichtswagen und Velowagen | 17 |
| Speisewagen und Servicewagen | 13 |
| Gepäckwagen | 35 |
| Historische Salonwagen | 5 |
| Historische Personenwagen | 5 |
| **Total Personenverkehr** | **388** |
| Rangier- und Dienstfahrzeuge | 224 |
| Lokomotiven | 58 |
| Triebfahrzeuge | 29 |
| Dampflokomotiven | 3 |
| **Total Lokomotiven, Trieb-, Rangier-, Dienstfahrzeuge** | **314** |
| Gedeckte Güterwagen | 68 |
| Offene Güterwagen | 283 |
| Zisternenwagen | 48 |
| Zementsilowagen | 68 |
| Rollschemel | 8 |
| Wagen für den Autotransport (ATW) | 73 |
| Historische Güterwagen | 10 |
| **Total Güterwagen** | **558** |
| **Total Schienenfahrzeuge (inkl. private)** | **1260** |
| Sitzplätze Triebwagen | 973 (1. Klasse 252, 2. Klasse 721) |
| Sitzplätze Personenwagen | 16.282 (1. Klasse 2747, 2. Klasse 13.535) |
| Rollstuhlplätze | 64 |
| Aufhängungen Velohaken | 1126 |

Quelle: RhB

und Cama betrieb die RhB auch weiterhin den Güterverkehr.
1987 wurden die Val-Moesa-Werke (Monteforno SA/Von Roll), der wichtigste Kunde der Bahnlinie, geschlossen. Damit endete auch der planmäßige Güterverkehr. Die verbliebenen, sporadisch durchgeführten Gütertransporte konnten das Auskommen der Strecke nicht mehr sichern. Ende 2003 übertrug die RhB die Bahnlinie nebst Konzession auf die Ferrovia Mesolcinese, die hier bereits seit 1995 eine Museumsbahn betreibt.

**Berninabahn**
Die Eröffnung der Berninapassstraße im Jahr 1865 gab dem Fremdenverkehr in den Schweizer Alpen einen starken Impuls. Nicht lange danach entstand die Idee, die wachsende Zahl von Touristen per Bahn in die Bergwelt zu befördern. Außerdem wollte der Kanton Graubünden das entlegene Puschlavtal jenseits des Alpenkamms verkehrstechnisch erschließen und den Gütertransport sowie die Verbindungen ins Veltlin verbessern.
1899 entstanden erste Pläne für den Bahnbau. Die Bauarbeiten der geplanten Verbindung zwischen dem Kurort St. Moritz (Endbahnhof der Albulabahn) und dem italienischen Tirano begannen schließlich am 16. Juli 1906, und zwar zu beiden Seiten des Berninapasses: zwischen Pontresina und Morteratsch im Norden sowie am Puschlaversee im Süden. Zwischen 1904 und 1920 errichtete man außerdem ein System aus Wasserkraftwerken zur Stromproduktion für den Betrieb der Bahn. Der Bahnbau vollzog sich in drei Etappen. Schließlich wurde am 5. Juli 1910 mit Inbetriebnahme des Abschnittes Alp Grüm–Poschiavo die verbliebene Lücke geschlossen.
Bis zum 1. Januar 1942 blieb die Berninabahn eine selbstständige Aktiengesellschaft, dann fusionierte sie wegen wirtschaftlicher Probleme mit der RhB. Seit 1969 bietet die RhB mit dem »Bernina Express«, der seit 1990 auch im Winterhalbjahr verkehrt, eine direkte Verbindung zwischen Chur und Tirano, die vor allem von den Touristen ausgiebig genutzt wird. Vollklimatisierte Panoramawagen machen die Fahrt durch die Bergwelt zum Erlebnis.
Die Fahrzeuge der Berninabahn bewältigen Steigungen von 70 Promille ohne Zahnstange. Als mittlerweile einzige Gleichstrom-Bahn (1.000 V) ist sie eine Besonderheit im Wechselstromnetz der RhB. Die engsten Kurvenradien betragen nur 45 m. Deshalb können bis heute nur kurze Wagen die Berninastrecke befahren. Andere ehemalige Normen der Berninabahn wurden im Lauf der Zeit an das RhB-Normensystem angepasst.
Die Berninabahn zählt mit ihren zahlreichen Kunstbauten wie Tunnel und Kehrtunnel sowie Brücken – etwa der beeindruckende Kreisviadukt von Brusio – zu den eindrucksvollsten Gebirgsbahnen. Seit 2008 ist sie Teil des UNESCO-Welterbes »Albula-Bernina«. Während das Personenzugangebot

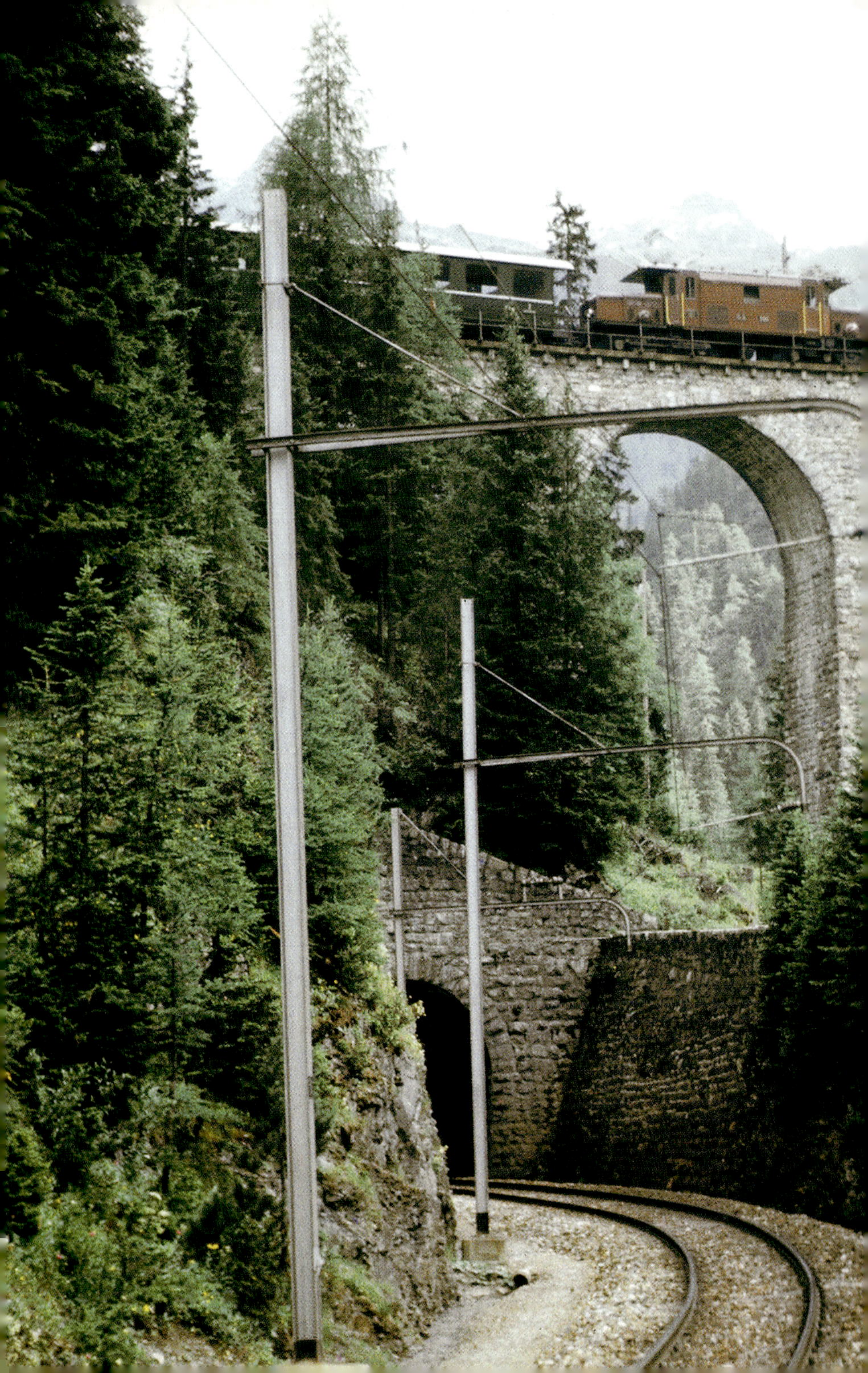

Ein historischer Zug mit dem bekannten RhB-Krokodil an der Spitze durchfährt den »Achterbahn-Abschnitt« der Albulabahn zwischen Bergün und Preda.  Foto: © RhB / Peter Pfeiffer

## Chronik der RhB

| | |
|---|---|
| 1889 | Eröffnung der Schmalspurbahn Landquart — Davos (LD) |
| 1895 | Die LD nennt sich von nun an »Rhätische Bahn« |
| 1896 | Eröffnung der Strecke Landquart - Thusis |
| 1903 | Eröffnung der Strecke Reichenau — Ilanz |
| 1904 | Eröffnung der Strecke Thusis — St. Moritz |
| 1907 | Eröffnung der Strecke Bellinzona — Mesocco |
| 1908 | Eröffnung der Strecke Samedan — Pontresina |
| 1909 | Eröffnung der Strecke Davos — Filisur |
| 1910 | Eröffnung der Strecke St. Moritz — Tirano (Berninabahn) |
| 1912 | Eröffnung der Strecke Ilanz — Disentis/Mustér |
| 1913 | Eröffnung der Strecke Bever — Scuol-Tarasp |
| 1914 | Eröffnung der Strecke Chur — Arosa (Arosabahn) |
| 1922 | Abschluss Elektrifizierung bei der RhB |
| 1930 | Erste Fahrt des Glacier Express St. Moritz — Zermatt |
| 1942 | Fusion der RhB mit der Arosa Bahn |
| 1942 | Fusion der RhB mit der Bellinzona — Mesocco Bahn |
| 1943 | Fusion der RhB mit der Bernina Bahn |
| 1973 | Einführung des Bernina Express |
| 1989 | Die RhB feiert ihr 100-jähriges Jubiläum; aus diesem Anlass erhalten die Fahrzeuge eine Lackierung in Rot. |
| 1997 | Umstellung der Strecke Chur — Arosa von 2400 V Gleichstrom auf 11 000 V Wechselstrom |
| 1999 | Eröffnung der Strecke Klosters — Lavin/Susch (Vereinatunnel mit Autoverlad) - erste Streckenverlängerung seit 1914 |
| 2003 | Stilllegung der Strecke Bellinzona — Mesocco |
| 2008 | Die Albula- und Berninalinien werden in die UNESCO Welterbeliste aufgenommen |

Quelle: RhB

vor allem auf Touristen ausgerichtet ist, rollen auch Güterzüge über die Berninabahn: Holz und Brennstoffe, Lebensmittel und Baustoffe fahren über den Schweizer Grenzbahnhof Campocologno und sein italienisches Pendant Tirano. Die Güterzüge werden von Triebwagen geführt, um auch in verkehrsschwachen Zeiten Reisende mitnehmen zu können.

### Erfolg mit der Vereinalinie

Erst ein gutes halbes Jahrhundert später folgte die nächste bedeutende Erweiterung des RhB-Streckennetzes: Im November 1999 wurde die Vereinalinie eröffnet, die in Klosters im Prättigau abzweigt und durch den 19.042 m langen Vereinatunnel nach Sagliains im Engadin führt. Sie verbindet damit auch die RhB-Strecken Landquart–Davos Platz und Pontresina–Scuol-Tarasp. Der Vereinatunnel ist der längste Eisenbahntunnel einer Meterspurbahn der Welt.

Grund für den Bau war der Wunsch nach einer wintersicheren Straßenverbindung zwischen Nordbünden und dem Unterengadin. Die Straßen von Davos nach Susch führt über den 2383 m hohen Flüelapass und ist im Winter starker Lawinengefahr ausgesetzt. Zwei Möglichkeiten standen zur Debatte: Zum einen der aufwendige Ausbau der Flüela-Passstraße oder zum anderen der ebenfalls teure Bau eines Eisenbahntunnels zwischen Klosters und dem Raum Susch/Lavin, durch den die Autos mit dem Zug transportiert werden sollten. Nach längerer Diskussion fiel schließlich am 22. September 1985 in einer kantonalen Volksabstimmung der Entscheid für den Tunnelbau. Der Bau des Tunnels kostete 812 Millionen Schweizer Franken. Von dieser Summe waren 538 Millionen bereits 1985 bewilligt worden.

Wegen verschiedener Einsprüche gegen den Bau begannen die Bauarbeiten am Tunnel erst 1991. Sechs Jahre später, am 26. März 1997, erfolgte der Durchschlag. Am 19. November 1999 wurde die neue Verbindung nach acht Jahren Bauzeit dem Verkehr übergeben. Drei Tage später erfolgte die Aufnahme des planmäßigen Betriebs.

Der Erfolg der neuen Strecke übertraf alle Erwartungen: Im Jahr 2009 transportierte die RhB 478.000 Fahrzeuge durch den Vereinatunnel.

Bis heute hat die Idee einer Bündner Gebirgsbahn nichts von ihrer Faszination verloren, das beweist jede Fahrt mit der RhB durch die eindrucksvolle Bergwelt. Die Rhätische Bahn verkörpert beides: Sie ist ein lebendiges Kulturdenkmal und zugleich ein modernes Verkehrsunternehmen. Der Anspruch, diese beiden Dinge miteinander zu verbinden, hat aber auch eine Kehrseite, denn die ingenieurtechnischen Meisterleistungen aus der Bauzeit der RhB erfordern einen hohen Finanzbedarf für Instandhaltung und Erneuerung dieser Infrastruktur.

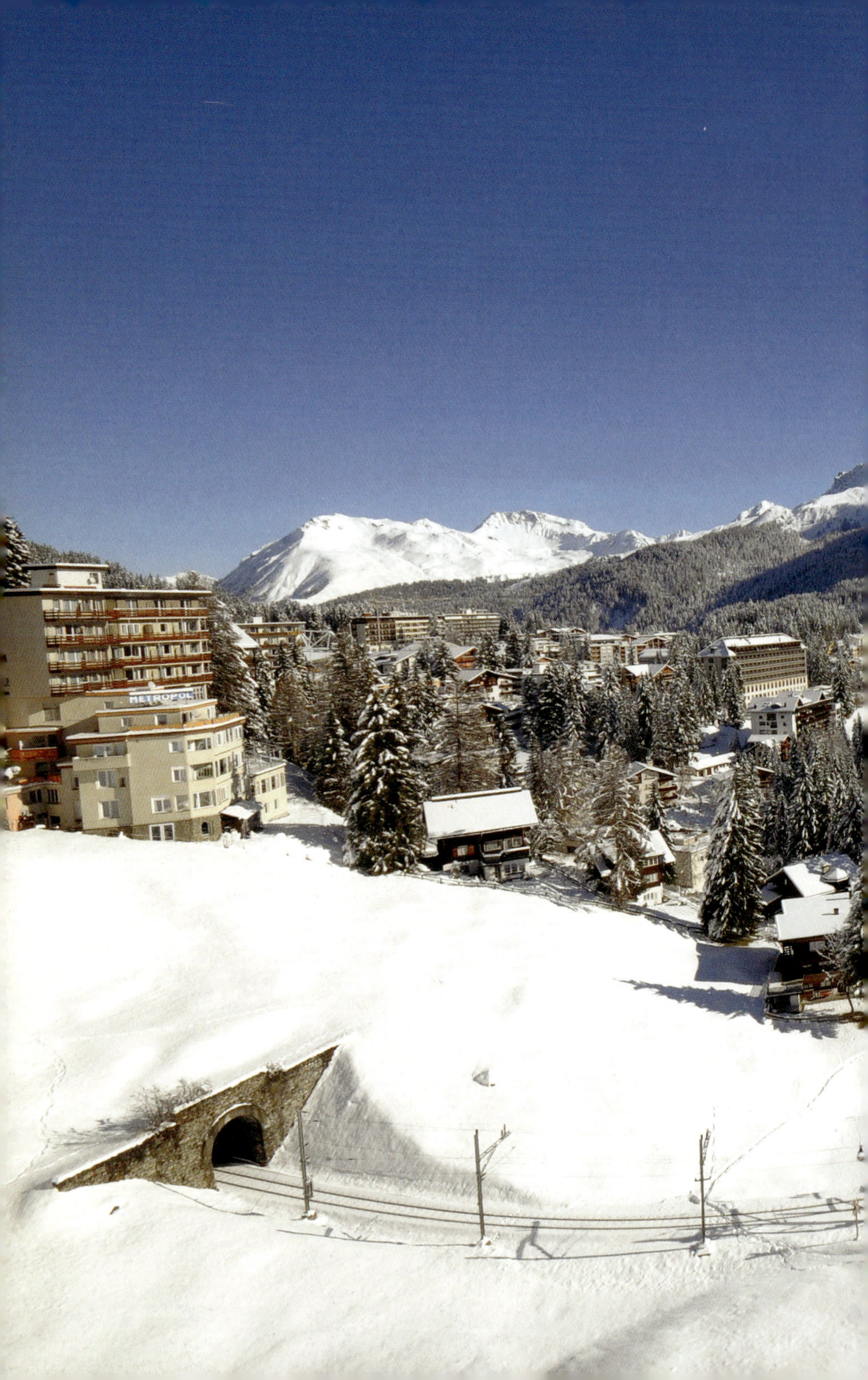
METROPOL

Ein Allegra-Triebzug nähert sich seinem Zielbahnhof Arosa. Foto: © RhB / Tibert Keller

# 1. Streckenlokomotiven

## G 3/4 1–16

Für die Schmalspurbahn Landquart–Davos AG (LD) baute die SLM ab 1889 fünf Tenderdampflokomotiven mit einer vorderen Laufachse, die die Bezeichnung G 3/4 1–5 erhielten. Der steigende Verkehr und der Ausbau des Netzes verlangten aber schon bald nach mehr Lokomotiven. So lieferten die SLM in vier Tranchen elf weitere, nahezu baugleiche Dampflokomotiven. Zwischenzeitlich wurden einige der »Mallet-Dampfloks« G 2x 2/2 geliefert. Dennoch war diesen formschönen Nassdampf-Zwillings-Lokomotiven leider ein nicht allzu langes Leben bei der RhB bestimmt: Zwischen 1917 und 1950 wurden die meisten Lokomotiven

| | |
|---|---|
| Anzahl: | 16 |
| Vmax: | 45 km/h |
| Dienstgewicht: | 30–34 t |
| Stundenleistung: | 185 kW |
| Inbetriebsetzung: | 1889–1908 |
| Ausrangierungen: | alle |
| Verkauf: | 3–12, 14–16 |
| Anstrich: | schwarz/grün–schwarz |

| Lok-Nr. | Baujahr | Name | Bemerkungen |
|---|---|---|---|
| Lok 1 | 1889 SLM | »Rhätia« | seit 1988 wieder bei der RhB |
| Lok 2 | 1889 SLM | »Prättigau« | Abbruch 1925 |
| Lok 3 | 1889 SLM | »Davos« | 1917 nach Luxemburg, Abbruch 1954 |
| Lok 4 | 1889 SLM | »Flüela« | 1917 nach Luxemburg, Abbruch 1954 |
| Lok 5 | 1889 SLM | »Engadin« | 1917 nach Luxemburg, Abbruch 1954 |
| Lok 6 | 1896 SLM | »Landquart« | 1923 nach Brasilien, Abbruchdatum unbekannt |
| Lok 7 | 1896 SLM | »Chur« | 1923 an FRT, Abbruch 1943 |
| Lok 8 | 1896 SLM | »Thusis« | 1923 an FRT, Abbruch 1943 |
| Lok 9 | 1901 SLM | – | 1926 an Brüniglinie (SBB), Abbruch 1941 |
| Lok 10 | 1901 SLM | – | 1926 an Brüniglinie (SBB), Abbruch 1942 |
| Lok 11 | 1902 SLM | – | 1977 an MEFEZ, 2000 an club 1889 |
| Lok 12 | 1902 SLM | – | 1923 nach Spanien, Abbruch 1970 |
| Lok 13 | 1902 SLM | – | Abbruch 1950 |
| Lok 14 | 1902 SLM | – | 1972 an Dampflokverein AB, Herisau |
| Lok 15 | 1908 SLM | – | 1924 an Brüniglinie (SBB), Abbruch 1942 |
| Lok 16 | 1908 SLM | – | 1924 an Brüniglinie (SBB), Abbruch 1942 |

ins Ausland verkauft. Immerhin drei Lokomotiven sind bis heute erhalten geblieben: Die Nummer 1 steht heute noch auf den Strecken der RhB zu bestimmten Anlässen unter Dampf, nachdem sie von 1970 bis 1988 bei der Westschweizer Museumsbahn Blonay – Chamby (BC) ein Gastspiel gab und danach bei der RhB wieder in Betrieb genommen wurde. Die Lok 11, auch als »Heidi« aus dem gleichnamigen Schweizer Film bekannt, gelangte 1977 ins Berner Oberland und stand gelegentlich auf der Berner Oberland-Bahn (BOB) für Extrazüge im Einsatz. Heute ist sie wieder in ihrem Heimatkanton zu Hause und wird durch den »club 1889« auf Ölfeuerung umgebaut. Die Lok 14 befindet sich seit 1972 in der Ostschweiz und führte Extrazüge auf den Gleisen der Appenzellerbahnen. Allerdings ist bereits seit einigen Jahren in Herisau abgestellt. Innerhalb dieser Serie gibt es, was die technischen Angaben betreffen, leichte Unterschiede.

# G 2x2/2 (G 2/2 + G 2/3) 21–32

Für die ursprüngliche Schmalspurbahn Landquart–Davos AG (LD) lieferte die Lokomotivfabrik Maffei in München 1891 zwei Mallet-Dampflokomotiven mit der Bezeichnung G 2x 2/2, da man für diese Linie leistungsfähigere Loks als die G 3/4 benötigte. In Betrieb kamen die Lokomotiven als Nr. 6 (Scaletta) und Nr. 7 (Albula). 1910/11 wurden die beiden Maschinen in der Werkstätte Landquart zu G 2/3 + 2/2 umgebaut, erhielten neue Kessel und zuvorderst eine Laufachse. Schon 1895, als aus der LD die RhB wurde, erhielten die Loks die Nummern 21 und 22. 1920, als bereits genügend elektrische Lokomotiven vorhanden waren, wurden beide Lokomotiven nach Brasilien verkauft und sind mit großer Wahrscheinlichkeit 1939 abgebrochen worden.

Im Jahr 1896 lieferte die SLM zwei ähnliche Tenderlokomotiven der Bauart Mallet an die RhB. Allerdings verfügten die G 2/2 + 2/3 23–24 im Gegensatz zu den beiden Vorgängern am Fahrzeugende unter dem Führerstand über eine Laufachse, was aber schlechtere Laufeigenschaften zur Folge hatte. Die beiden Lokomotiven erhielten die Namen Maloja (23) und Chiavenna (24) und wurden 1926 an die Kraftwerke Oberhasli (Meiringen) verkauft, ehe

Foto: Archiv RhB

Foto: Archiv RhB

| Lok-Nr. | 21–22 | 23–24 | 25–32 |
|---|---|---|---|
| Anzahl: | 2 | 2 | 8 |
| Vmax: | 45 km/h | 45 km/h | 45 km/h |
| Dienstgewicht: | 41/47 t (n. Umbau) | 45 t | 47 t |
| Stundenleistung: | 316 kW | 368 kW | 368 kW |
| Inbetriebsetzung: | 1891 | 1896 | 1902–1903 |
| Ausrangierungen: | beide | beide | alle |
| Verkauf: | beide | beide | alle |
| Anstrich: | schwarz | schwarz | schwarz |

sie dort 1937 und 1940 abgebrochen wurden. Als dritte Serie von Mallet-Dampfloks bei der RhB gingen die 1902–1903 durch die SLM gelieferten G 2/3 + 2/2 25–32 in Betrieb. Namen erhielten diese Loks keine mehr. Im Gegensatz zu den vier Vorgängerlokomotiven wurden diese acht gelieferten Maschinen stärker dimensioniert. Zur besseren Führung der Lokomotiven wurden sie mit vorderer Laufachse geliefert. Drei (26–28) der Lokomotiven hielten sich bis 1926 bei der RhB und wurden dann an die Chemin de fer Yverdon – Ste-Croix (YSteC) verkauft, wo sie bis 1946 resp. 1951 im Einsatz standen. Die Loks 26 und 28 gingen danach nach Spanien, wo sie noch bis 1968 eingesetzt wurden. Die Lok 27 wurde 1946 abgebrochen. Die anderen fünf Lokomotiven (25, 29–32) gelangten 1921 nach Madagaskar, wurden dort sogar noch auf 950 mm umgespurt und dann vermutlich alle um das Jahr 1951 abgebrochen. Keine der nach Brasilien und Madagaskar gelieferten Lokomotiven dürfte heute noch existieren.

Foto: Archiv RhB

# G 4/5 101–129   108

Weil die zuvor gelieferten Tenderloks der Gattung G 3/4 und die »Mallet-Lokomotiven« den wachsenden Zuglasten nicht mehr gewachsen waren, bestellte die Rhätische Bahn zwischen 1904 und 1915 bei der SLM 29 Schlepptenderloks des Typs G 4/5. Es sollten die einzigen Schlepptenderloks für eine Schweizer Schmalspurbahn bleiben. Die ersten vier gelieferten Maschinen unterschieden sich in einigen Details von ihren Nachfolgern: kleinere Tender, weniger Leistung sowie auch ein niedrigeres Dienstgewicht. Bei den Lokomotiven 101–106 handelte es sich um 2-Zylinder-Nassdampf-Maschinen, während die Loks ab der Nummer 107 als Heißdampf-Zwillingsmaschinen ausgeführt wurden. Allerdings gab es auch bei den Lokomotiven 105–129 noch einige, wenn auch relativ kleine Unterschiede. Die zuverlässig arbeitenden Loks wurden hauptsächlich auf der Albulalinie (Chur – St. Moritz) sowie auf der Strecke Landquart – Davos eingesetzt. Dennoch war diesen formschönen Loks leider keine lange Karriere bei der RhB gegönnt. Denn schon 1913, als immer noch G 4/5 Lokomotiven geliefert wurden, nahm die RhB die erste elektrisch betriebene Strecke von Bever nach Scuol in Betrieb. Bereits 1922 war das gesamte Netz der RhB elektrifiziert, weshalb die Ausrangierung der Loks schon früh einsetzte. Unter anderem aufgrund des relativen jungen Alters und der guten Qualität der Lokomotiven konnten problemlos Abnehmer im Ausland gefunden werden. 101 und 103 gingen 1924 nach Brasilien, 102, 104–106 und 109–111 zwischen 1920 und 1951 nach Spanien. Die Lokomotiven mit den Nummern 112–129 fanden 1926 und 1927 in Thailand eine neue Heimat. Von den nach Brasilien und Spanien verkauften Loks existiert keine mehr, die Loks in Spanien hielten sich aber bis 1970. Von den 18 nach Thailand verkauften Loks (Ausrangierung 1950–1966), die dort die Nummern 331–348 erhielten, sind zwei Exemplare bis heute erhalten geblieben: Die 340 (ex RhB 118) steht in Chiang Mai als Denkmal beim Bahnhof, die 336 (ex RhB 123) ist in Bangkok (Depotareal Makkasan) abgestellt und rottet langsam vor sich hin. Zur großen Freude der Dampflokfans befinden sich immer noch zwei G 4/5 im Bestand der RhB und werden mehrmals jährlich für Sonderfahrten eingesetzt. Die 107 und 108 sind in der Regel in Landquart und Samedan stationiert. Auch wenn innerhalb der Serie Unterschiede bestanden, ist die G 4/5 bis zum heutigen Zeitpunkt die größte Fahrzeugreihe der Rhätischen Bahn.

| | |
|---|---|
| **Anzahl:** | 29 |
| **Vmax:** | 45 km/h |
| **Dienstgewicht:** | 59–70 t |
| **Stundenleistung:** | 323 kW/588 kW |
| **Inbetriebsetzung:** | 1908-1915 |
| **Ausrangierungen:** | alle außer 107 und 108 |
| **Verkauf:** | alle außer 107 und 108 |
| **Anstrich:** | schwarz/grün-schwarz |

# Ge 4/4 181

1916 lieferten die BBC und die SLM eine sechsachsige Drehgestelllokomotive, um dem steigenden Güterverkehr sowie des Einführung des Winterbetriebs auf der Bernina-Linie gerecht zu werden. Der Dreieckantrieb bereitete öfters größere Probleme, weshalb 1928/29 die SLM bei den Drehgestellen die Mittelachse durch eine Blindwelle ersetzte. Und so wurde aus der Ge 6/6 81 eine Ge 4/4, die 1961 die Betriebsnummer 181 erhielt. Die Lokomotive war ursprünglich grün lackiert, später braun. Da die Lok nach dem Umbau wesentlich bessere Laufeigenschaften aufwies, wurde sie auch im Schnellzugsdienst (Bernina-Express) eingesetzt. Der interessante Einzelgänger stand bis 1965 (Ablieferung der Triebwagen 41-46) im Einsatz. Zum Glück landete das Fahrzeug aber nach seiner Ausrangierung nicht auf dem Schrottplatz. 1970 ging es in die Obhut der Westschweizer Museumsbahn Blonay–Chamby (BC), die oberhalb des Genfersees eine rund drei Kilometer lange Nostalgiebahn betreibt. Die Lokomotive war bei der BC oft im Einsatz, aber manchmal auch längere Zeit abgestellt. Zurzeit durchläuft die Maschine eine große Revision, um danach in neuen Glanz wieder zu verkehren.

| Anzahl: | 1 |
|---|---|
| Vmax: | 50 km/h (nach Umbau 45 km/h) |
| Dienstgewicht: | 46 t |
| Stundenleistung: | 456 kW (nach Umbau 705 kW) |
| Inbetriebsetzung: | 1961 |
| Ausrangierungen: | 181 |
| Verkauf: | 181 |
| Anstrich: | grün/braun |

# Ge 4/4 182

Im Jahr 1928 lieferten die SLM und die SAAS eine moderne elektrische Lokomotive an die Berninabahn. Da die Ge 4/4 82 in ihrem Aussehen an die normalen »RhB-Krokodile« erinnert, wird sie auch »Bernina-Krokodil« genannt. Auffallend an der Lok waren vor allem die beiden großen Schneepflüge, die aber 1946, nachdem die Berninabahn an die RhB ging, abmontiert wurden. Die Maschine wurde nach der Ablieferung von Triebwagen hauptsächlich für Güterzüge eingesetzt. 1961 erhielt sie die Nummer 182 und im Jahr 1966 sogar Einholm-Stromabnehmer. Der interessante Einzelgänger bewährte sich gut und stand bis 1977 unermüdlich auf der Bernina-Linie im Einsatz. Danach wurde die Maschine ausrangiert und bis 1981 im Verkehrshaus Luzern ausgestellt. 1984 verließ sie die Schweiz und fand bei der französischen Museumsbahn St-Georges-de-Commières – La Mure eine neue Heimat. Allerdings wurde die Lok dort, wie andere Schweizer Fahrzeuge auch, nie eingesetzt und ihr Zustand verschlechterte sich massiv. 1999 holte der »club1889« nach langen Verhandlungen die Lok wieder zurück in die Schweiz. Die Aufarbeitung dauerte länger als geplant, doch im Jahr 2010, rechtzeitig zum Jubiläum, konnte das »Bernina-Krokodil« dem Publikum wieder in perfekt restauriertem Zustand präsentiert werden. Sie soll in Zukunft gelegentlich für Nostalgiezüge eingesetzt werden, stationiert ist sie in Poschiavo.

| | |
|---|---|
| Anzahl: | 11 |
| Vmax: | 45 km/h |
| Dienstgewicht: | 43 t |
| Stundenleistung: | 560 kW |
| Inbetriebsetzung: | 1928 |
| Ausrangierungen: | 182 |
| Verkauf: | 182 |
| Anstrich: | braun |

# Ge 2/4 201–207

Zur Elektrifizierung der Engadiner Linie lieferten die SLM und BBC 1912 und 1913 sieben elektrische Streckenlokomotiven des Typs Ge 2/4, die ursprünglich grün lackiert waren. Anfang der 1940er-Jahre gab es erste Überlegungen, fünf dieser Lokomotiven für den Rangierdienst umzubauen, was dann 1943–1946 auch geschah. Lediglich die 205 und 207 blieben mehr oder weniger unverändert. Aus den 203 und 204 wurden die Ge 2/4 221 und 222 (leicht abgeänderter Lokkasten, nur noch ein Stromabnehmer), aus den 201, 202 und 206 die Ge(m) 211–213. Die noch »originalen« 205 und 207 hielten sich bis 1974 bei der RhB im Dienst, allerdings nur noch als Reservefahrzeuge. Die 205 wurde ab 1974 als fahrfähiges Denkmal (auf Rollen) beim Technikum Winterthur aufgestellt, die 207 steht seit 1982 im Verkehrshaus Luzern. Die 205 wurde vor einiger Zeit von ihrem Sockel geholt und soll gelegentlich durch den »club1889« wieder aufgearbeitet werden. Sie ist zurzeit in Arth-Goldau auf einem Flachwagen abgestellt.

| Lok | Umbau in | Bemerkungen |
|---|---|---|
| Ge 2/4 201 | Ge 2/4 213 | Abbruch |
| Ge 2/4 202 | Gem 2/4 211 | Abbruch |
| Ge 2/4 203 | Ge 2/4 221 | Abbruch |
| Ge 2/4 204 | Ge 2/4 222 | - |
| Ge 2/4 205 | - | Denkmal Technikum Winterthur, danach club1889 |
| Ge 2/4 206 | Ge 2/4 212 | an Modelleisenbahn Käserberg (Paccot, FR) |
| Ge 2/4 207 | - | VHS Luzern |

| | |
|---|---|
| Anzahl: | 7 |
| Vmax: | 50 km/h |
| Dienstgewicht: | 37 t |
| Stundenleistung: | 220 kW |
| Inbetriebsetzung: | 1912–1913 (46) |
| Ausrangierungen: | alle |
| Verkauf: | 205, 207 |
| Anstrich: | grün/braun |

# Ge 4/6 301, 302 und 391

Die 1913 von SLM und BBC gelieferte Lokomotive Ge 4/6 301 basierte auf dem Prinzip der Ge 2/4 201–207. Die Triebstangen waren V-förmig angeordnet. Leider erwies sich die Lokomotive als störanfällig, weshalb schon 1935 daran gedacht wurde, die Lok außer Dienst zu stellen. Doch der permanente Mangel an Elektrolokomotiven ließ dies nicht zu. 1957 erhielt die Maschine nach einem Schaden neue Getriebe, 1959 kamen neue Dreieck-Triebstangen hinzu. Die Lok hielt sich bis 1966 im Betrieb der RhB, ehe sie abgestellt und zwei Jahre später ausrangiert wurde. Der eine der Déri-Motoren fand in der Ge 2/4 207 weitere Verwendung. Erst Ende 1971 endete die Maschine auf dem Schrottplatz.

Die Ge 4/6 302, die übrigens kein RhB-Auftrag ist, wurde auf Bestellung der BBC selber durch die SLM erbaut. Gebaut wurde sie 1913/14, die Inbetriebnahme erfolgte aber erst 1918. Zuerst diente sie 1914 bei der Schweizerischen Landesausstellung als Muster, ehe sie 1918 der RhB zum Kauf angeboten wurde. Im Gegensatz zu allen anderen Ge 4/6 hatte die 302 nur drei Seitenfenster und wies gegenüber der 301 viele Verbesserungen sowohl im elektrischen als auch im mechanischen Teil auf. Außerdem besaß sie viel die besseren Laufeigenschaften. 1968 beendete vorerst ein Schaden im Transformator die Laufbahn der Ge 4/6 302, Ersatzmaterial konnte aber aus der 301 gewonnen werden. Doch nur drei Jahre später gab es

Foto: Peter Willen

Foto: Gian Brüngger

erneut einen schwereren Defekt, sodass die Lok 1971 ausrangiert wurde. Der Abbruch erfolgte 1976.
Als dritte Ge 4/6-Variante nahmen die RhB 1913 die durch AEG Berlin und SLM erbaute Ge 4/6 391 in Betrieb. Bei dieser Maschine handelte es sich eigentlich um eine Versuchslok der AEG. 1937 verunfallte die Lokomotive schwer, wurde aber u.a. mit einem neuen Kasten 1938 wieder in Betrieb genommen. In den 1950er- und 1960er-Jahren erhielt die Lokomotive einige Modernisierungen wie z.B. eine Integra-Zugsicherung oder neue MFO-Stromabnehmer. 1973 wurde die schon 60 jährige Lok nach einer Laufleistung von knapp 2,5 Mio km abgestellt. Längere Zeit stand sie dann im Areal der HW Landquart, ehe sie 1980 von der AEG selber gekauft wurde. Sie fand dann eine neue Bleibe im Eisenbahnmuseum in Viernheim. Nach der Auflösung des Museums wurde die Lok nach Berlin ins Deutsche Technikmuseum gebracht, wo sie sich auch noch heute befindet.

| Lok-Nr. | 301 | 302 | 391 |
|---|---|---|---|
| **Anzahl:** | 1 | 1 | 1 |
| **Vmax:** | 50 km/h | 50 km/h | 55 km/h |
| **Dienstgewicht:** | 55 t | 58 t | 55 t |
| **Stundenleistung:** | 440 kW | 588 kW | 440 kW |
| **Inbetriebsetzung:** | 1913 | 1918 | 1913 |
| **Ausrangierungen:** | 301 | 302 | 391 (Verkauf) |
| **Anstrich:** | grün/braun | grün/braun | grün/braun |

# Ge 4/6 351–355

Rechtzeitig zur Aufnahme des elektrischen Betriebs der Linie Bever – Scuol lieferten die SLM und MFO 1912 und 1914 fünf elektrische Lokomotiven vom Typ Ge 4/6. Die ersten beiden Maschinen unterschieden sich in einigen wenigen Details von den anderen drei etwas später gebauten Loks. Die Ge 4/6, die während des Ersten Weltkriegs wegen des starken Verkehrsrückgangs nicht oft eingesetzt wurden, erlebten ihre Blütezeit vor allem nach der 1923 fertig gestellten Elektrifizierung der Albula-Linie. Nach der Ablieferung der fünfzehn Ge 6/6' wurden die Maschinen vermehrt zwischen Chur und Disentis eingesetzt. 1955 wurde bei der ganzen Serie die Integra-Zugsicherung sowie die Totmannschal-

| | |
|---|---|
| Anzahl: | 5 |
| Vmax: | 50 km/h |
| Dienstgewicht: | 50/56 t |
| Stundenleistung: | 440 / 588 kW |
| Inbetriebsetzung: | 1912–1914 |
| Ausrangierungen: | alle außer 353 |
| Anstrich: | grün/braun |

Foto: VOBA

tung eingebaut. Danach erlebten die Lokomotiven bis zur Ausrangierung kaum mehr wesentliche Änderungen oder Umbauten. Die ersten zehn Jahre waren die Lokomotiven grün gestrichen und erhielten dann ein braunes Farbkleid. Die beiden ersten Lokomotiven, 351 und 352, wurden 1974 aus dem Verkehr genommen, die 354 und 355 hielten sich doch noch bis 1982 bzw. 1984. Mit der Ge 4/6 353 ist ein Vertreter dieser Fahrzeugserie erhalten geblieben. Das normalerweise in Samedan stationierte Fahrzeug wird gelegentlich für spezielle Anlässe oder Sonderfahrten eingesetzt.

# Ge 6/6' 401–415     413, 414

Als 1919 der Ausbau des ganzen RhB-Netzes auf elektrischen Betrieb begann, benötigte die Bahn eine größere Anzahl von elektrischen Lokomotiven. Mit den Ge 2/4 und Ge 4/6 Lokomotiven standen lediglich 15 elektrischen Lokomotiven zur Verfügung. Deshalb wurden 1921 durch SLM und BBC sechs elektrische, leistungsfähige Stangenlokomotiven geliefert, die über zwei dreiachsige Drehgestelle verfügten. Weil aber schon bald die Anzahl der Lokomotiven nicht mehr ausreichte, wurden 1922 nochmals vier Lokomotiven geliefert. Es dauerte dann weitere drei Jahre, bis abermals zwei Lokomotiven in Betrieb genommen wurden. Mit dem Erlös der zahlreich nach Thailand verkauften G 4/5 Dampflokomotiven beschaffte die RhB 1929 nochmals drei solcher Loks, die bei Eisenbahnfreunden als »RhB-Krokodile« bekannt sind. Während vieler Jahre bildeten die markanten Loks das Rückgrat der Traktion auf der Albula-Strecke sowie auf der Davoser Linie. Obwohl 1947 die ersten Ge 4/4' in Betrieb genommen wurden, hielten sich die »Krokodile« bis Mitte 1960er-Jahre im Personenverkehr, ehe sie danach hauptsächlich für den Güterverkehr gebraucht wurden. Einige der Maschinen fuhren noch bis 1984 die Regionalzüge Samedan – Pontresina, ehe die Ausrangierung einsetzte. Als erste wurde allerdings die Ge 6/6' 401 nach einem Unfall (1975) abgebrochen. 1984 schieden dann gleich sechs Lokomotiven aus dem Dienst und wurden abgebrochen: 403–405 sowie 408–410. Die 402 ist seit 1985 im Verkehrshaus der Schweiz zu bewundern. Die 406 stand als Denkmal zuerst bei der BBC (ex MFO) in Zürich Oerlikon, später in Pratteln bei der Firma Adtranz, bevor sie vom Bahnmuseum Kerzers erworben wurde und seither in Privatbesitz ist. Die Lok 407 stand als Denkmal von 1985–1994 bei einer Bank in Zürich Altstetten, seither steht sie als Blickfang unweit des Bahnhofs Bergün. Die 413 wurde 1993 nach einem Getriebeschaden ausrangiert und 1996 nach der Entnahme diversen Teilen ab-

| Anzahl: | 15 |
|---|---|
| Vmax: | 55 km/h |
| Dienstgewicht: | 66 t |
| Stundenleistung: | 940 kW |
| Inbetriebsetzung: | 1921–1929 |
| Ausrangierungen: | 401–413 |
| Verkauf: | 402, 406, 407, 411 |
| Anstrich: | braun |

gebrochen. Das Krokodil 411 wurde nach einem »eher leichteren« Unfall 2001 nach Deutschland (München) gegeben. Die Lok 412 sorgte gegen Ende ihrer Karriere nochmals für heftige Diskussionen: auf »Wunsch« eines Modellbahnherstellers wurde die Lok blau gestrichen und für einige Extrafahrten eingesetzt. 2008 aber schlug auch für das blaue Krokodil die letzte

**Blick aus der Vogelperspektive:** Wie eine Spielzeugbahn muten die Ge 6/6 I und die Wagen des »Alpine Classic Pullmann-Express« bei ihrer Fahrt durch die Kornfelder bei Bonaduz an. Foto: © RhB / Peter Donatsch

Stunde und es wurde nach einem Motorenschaden abgebrochen. Bei der RhB verblieben die beiden Loks 414 und 415, die bei Bedarf eingesetzt werden. Die RhB Krokodile gehören zu den berühmtesten und beliebtesten Schmalspurlokomotiven der Schweiz. Nicht nur weil sie an ihre großen Schwestern bei der SBB erinnern, sondern weil auch ganze Heerscharen von Eisenbahnfans aus aller Welt diese formschönen Lokomotiven auf Fotos bannen oder auch als Modelle besitzen. Und immerhin sind sechs Lokomotiven der Nachwelt erhalten geblieben.

# Ge 4/4' 601–610

Um den steigenden Verkehr besser zu bewältigen, beschaffte die RhB Ende der 1940er-Jahre vier elektrische Lokomotiven. Es waren zugleich auch die ersten laufachslosen Elektrolokomotiven mit Einzelachsantrieb der RhB. Da die RhB mit den 1947 gelieferten Lokomotiven sehr zufrieden waren, bestellten sie 1953 nochmals sechs baugleiche Loks. Die Konstruktion erinnert an die normalspurigen Ae 4/4 der Lötschbergbahn, welche ebenfalls aus dem Hause SLM stammen. Alle zehn Lokomotiven tragen Namen, die in Zusammenhang mit dem Kanton Graubünden stehen:

| | |
|---|---|
| 601 | Albula |
| 602 | Bernina |
| 603 | Badus |
| 604 | Calanda |
| 605 | Silvretta |
| 606 | Kesch |
| 607 | Surselva |
| 608 | Madrisa |
| 609 | Linard |
| 610 | Viamala |

Die grünen Universallokomotiven prägten jahrzehntelang das Erscheinungsbild der RhB. Im Laufe der Zeit wurden ihre Dienste immer mehr durch die Ge 6/6" und Ge 4/4" über-

Foto: VOBA

nommen. Aufgrund des technisch sehr guten Zustandes wollte aber die RhB keineswegs auf die bewährten Lokomotiven verzichten. So wurde beschlossen, die Lokomotiven zu modernisieren. Zwischen 1986 und 1992 wurden bei allen zehn Maschinen die alten Führerstände durch neue Stirnpartien ersetzt. Die Lokomotiven 605–610 erhielten außerdem eine Vielfachsteuerung für Pendelzugbetrieb, die ersten vier Lokomotiven waren bereits seit Inbetriebnahme mit Vielfachsteuerung ausgestattet. Bis Ende 2010 standen alle zehn Lokomotiven im Einsatz. Zu ihren Aufgaben gehörten Regionalzüge im Pendelverkehr genauso wie Güterzüge oder auch gelegentlich die Beförderung des Glacier Expresses auf dem Stammnetz. Seit der Umstellung auf Wechselstrom der Linie Chur – Arosa 1997 kamen die Loks auch oft auf dieser Linie zum Einsatz. Mit der Lok 601 wurde Ende 2010 die erste Lok dieser Serie ausrangiert und abgebrochen. Einige der Lokomotiven sind noch im Dienst, doch dürfte deren Außerbetriebsetzung nicht mehr allzu lange dauern. Im Jahr 2012 soll die Lok 603 an ein Museum in Deutschland übergeben werden.

| | |
|---|---|
| **Anzahl:** | 10 |
| **Vmax:** | 80 km/h |
| **Dienstgewicht:** | 47 t |
| **Stundenleistung:** | 1184 kW |
| **Inbetriebsetzung:** | 1947–1953 |
| **Ausrangierungen:** | 601, 604, 606, 607, 608, 609 |
| **Anstrich:** | grün/rot |

# Ge 4/4" 611–633

Eine neue Serie von Lokomotiven wurde nötig, um in die Jahre gekommene Elektrolokomotiven wie Ge 2/4, Ge 4/6 und Ge 6/6' abzulösen zu können. So lieferten die SLM und die BBC ab 1973 eine erste Serie von zehn vierachsigen Thyristorlokomotiven des Typs Ge 4/4", der ab 1984 dreizehn weitere Loks folgten. Die ersten zehn Lokomotiven wurden noch in Grün geliefert. Was das Aussehen betrifft, lassen sich Ähnlichkeiten mit den Re 4/4" der SBB nicht abzustreiten. Die zuverlässigen und formschönen Lokomotiven tragen alle Namen und Wappen von Ortschaften, welche über eine RhB Station verfügen:

| Nr. | | Name |
|---|---|---|
| 611 | | Landquart |
| 612 | | Thusis |
| 613 | | Domat / Ems |
| 614 | | Schiers |
| 615 | ✗ | Klosters |
| 616 | | Filisur |
| 617 | | Ilanz |
| 618 | | Bergün/Bravuogn |
| 619 | | Samedan |
| 620 | | Zernez |
| 621 | ✗ | Felsberg |
| 622 | ✗ | Arosa |
| 623 | | Bonaduz |
| 624 | | Celerina/Schlarigna |
| 625 | | Küblis |
| 626 | | Malans |
| 627 | | Reichenau/Tamins |

628  S-chanf
629  Tiefencastel
630  Trun
631  Untervaz
632  Zizers
633  Zuoz

Bis zur Ablieferung der Ge 4/4''' Lokomotiven bildeten die Ge 4/4'' zusammen mit den Ge 6/6'' im Personenverkehr das Rückgrat auf dem Stammnetz. Seit 1997, als die Chur-Arosa-Linie auf Wechselstrombetrieb umgestellt wurde, kommen sie auch auf dieser Linie zum Einsatz. Ansonsten sind alle 23 Maschinen (einige wurden von schwereren Unfällen nicht verschont) nach wie vor im Personenverkehr anzutreffen, viele auch in Pendelzugdiensten. Ab 2004 durchliefen die Loks ein Refit-Programm, bei dem u.a. die runden Lampen durch rechteckige Scheinwerfer ersetzt wurden. Einige der Loks sind als fahrende Werbeträger unterwegs.

| | |
|---|---|
| **Anzahl:** | 23 |
| **Vmax:** | 90 km/h |
| **Dienstgewicht:** | 50 t |
| **Stundenleistung:** | 1700 kW |
| **Inbetriebsetzung:** | 1973, 1984–1985 |
| **Anstrich:** | grün/rot |

Foto: VOBA

# Ge 4/4''' 641–652

Mit der Inbetriebnahme des Vereinatunnels und den durchquerenden Autozügen benötigte die RhB neue, leistungsstarke Lokomotiven. Somit bestellte die RhB 1989 bei der SLM sechs solcher elektrischen Lokomotiven, relativ kurz darauf wurden drei Lokomotiven nachbestellt. Der elektrische Teil der Fahrzeuge stammt von der ABB. 1993 wurde die erste Lokomotive abgeliefert. 1996, im Hinblick auf die 1997 erfolgende Umstellung der Linie Chur – Arosa auf Wechselstrombetrieb wurden nochmals drei Lokomotiven bestellt, welche in technischer Hinsicht weitgehend den 641–649 entsprechen, aber von der Firma Adtranz gebaut wurden. Die Antriebstechnik stand von vornherein fest: moderne Drehstrom-Motoren mit GTO-Umrichtern, um dem Fahrzeug überhaupt eine solche Leistung zu ermöglichen. Zum Haupteinsatzgebiet der Ge 4/4''' gehören das Führen von Personen- und Güterzügen auf dem Stammnetz genauso wie die Autozüge durch den Vereinatunnel. Alle zwölf Lokomotiven tragen Namen und Wappen von Bündner Ortschaften:

641 ✘ Maienfeld
642   Breil / Brigels
643   Vals

644 ✘ Savognin
645 　 Tujetsch
646 　 Sta. Maria Val Müstair
647 ✘ Grüsch
648 　 Susch
649 ✘ Lavin
650 　 Seewis im Prättigau
651 　 Fideris
652 　 Vaz/Obervaz Lenzerheide-Valbella

Lange Zeit waren bei der RhB keine Werbelokomotiven im Einsatz. Heute jedoch fahren in der Regel alle zwölf Lokomotiven mit wechselnden Werbeanstrichen von Bündner Firmen oder solchen Unternehmen, die Bezug zum Kanton Graubünden (Bemo Modelleisenbahn, Ems Chemie, Vereinatunnel, Radio Grischa etc.) haben, durch die Landschaft Identische respektive sehr ähnliche Lokomotiven kommen auf den ebenfalls schmalspurigen Privatbahnen BAM (Ge 4/4 21–22) und MOB (GDe 4/4 8001–8004) zum Einsatz.

| Anzahl: | 12 |
|---|---|
| Vmax: | 100 km/h |
| Dienstgewicht: | 62 t |
| Stundenleistung: | 2400 kW |
| Inbetriebsetzung: | 1993–1994/1999 |
| Anstrich: | rot/Werbeanstriche |

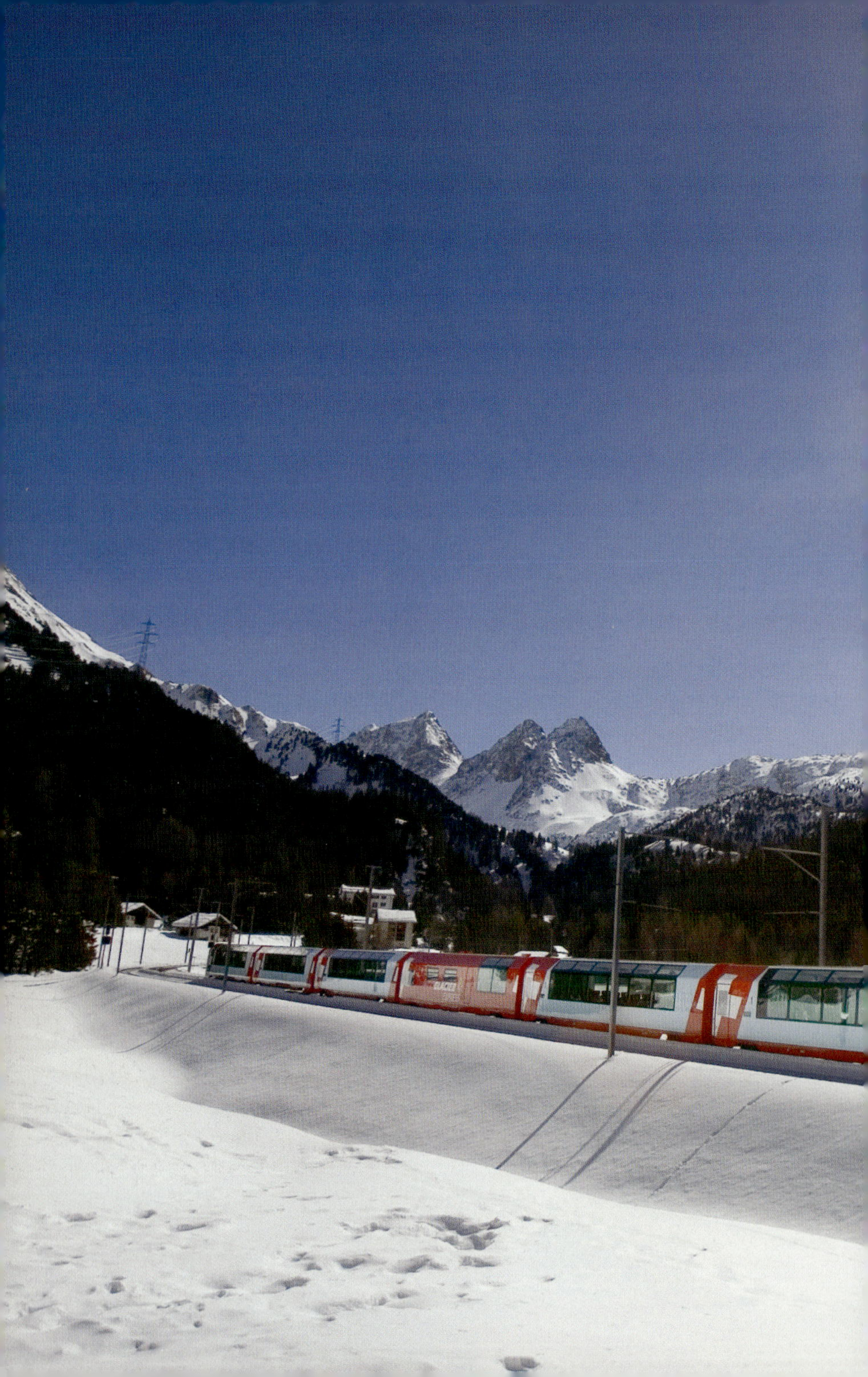

Der Glacier Express zwischen Preda und Bergün: Eine Fahrt mit dem langsamsten Schnellzug der Welt ist im Winter ein besonderes Erlebnis. Foto: © RhB / Andrea Badrutt

# Ge 6/6" 701–707

In den 1950er-Jahren nahm der Verkehr auf der RhB ständig zu. Aus diesem Grund war die RhB auf der Suche nach leistungsstarken Lokomotiven. Somit lieferten die SLM, BBC und MFO 1958 zwei sechsachsige Elektrolokomotiven. Die beiden Prototypen bewährten sich gut, sodass 1965 fünf weitere Loks hinzukamen. Ein markantes Merkmal ist sicher der in der Mitte geteilte Lokkasten. Das Gelenk lässt sich aber nur vertikal bewegen, weshalb nicht unbedingt von einer Gelenklokomotive zu reden ist. Die Lok besitzt drei zweiachsige Drehgestelle. Bei den ersten beiden Loks wurde nachträglich die Übergangstüren an den Stirnseiten verschweißt, gut 20 Jahre später erhielten sie die gleichen Stirnpartien wie die Loks 703–707. Alle sieben Lokomotiven tragen Namen und Wappen:

701   Raetia
702   Curia
703 ✖ St. Moritz
704   Davos
705   Pontresina / Puntraschigna
706   Disentis / Mustér
707   Scuol

Nach Abschluss der Kraftwerksbauten (Zementtransporte) übernahmen die sieben Lokomotiven die Hauptlast im Schnellzugverkehr auf der Albula-Linie zwischen Chur und

St. Moritz. Mit der Ablieferung der Ge 4/4''' wurden die Ge 6/6'' mehr oder weniger von diesen Diensten abgelöst und kommen heute hauptsächlich im schweren Güterzugdienst zum Einsatz. Bei der Ablieferung waren alle Lokomotiven im klassischen Grün lackiert, heute tragen sie die RhB-Farbe Rot. Seit 1998 ist die ganze Serie mit Einholmstromabnehmern ausgestattet. Anlässlich von Revisionen erhielten die Lokomotiven 701, 703, 705 und 707 eine »Auffrischung« sowie rechteckige Scheinwerfer. Die zuverlässig arbeitenden Lokomotiven dürften noch einige Jahre im Einsatz bleiben.

| Anzahl: | 7 |
|---|---|
| Vmax: | 80 km/h |
| Dienstgewicht: | 65 t |
| Stundenleistung: | 1776 kW |
| Inbetriebsetzung: | 1958/1965 |
| Anstrich: | grün/rot |

Foto: Gian Brüngger

# Gem 4/4 801–802

Im Jahr 1968 orderte die RhB bei SLM, SWS und der BBC zwei Zweikraftlokomotiven, die sowohl unter Fahrdraht als auch mit einem Dieselmotor verkehren können. Der elektrische Teil entspricht weitgehend den Triebwagen 41–49. Sie können in Vielfachsteuerung mit den Triebwagenserien 41–49 und 51–56 verkehren. Ebenfalls kommen sie als Schubfahrzeuge für die Bernina-Schleudern 9218 und 9219 zum Einsatz. Die beiden universell verwendbaren Lokomotiven tragen die Wappen Steinbock (801) und Murmeltier (802). 2002 und 2003 wurden die beiden Lokomotiven revidiert, erhielten neue Dieselmotoren sowie moderne Führerstände mit rechteckigen Scheinwerfern. Bis zur Ablieferung der neuen Alle-

| Anzahl: | 2 |
|---|---|
| Vmax: | 65 km/h |
| Dienstgewicht: | 50 t |
| Stundenleistung: | 680 kW (elektrisch) 780 kW (diesel) |
| Inbetriebsetzung: | 1968 |
| Anstrich: | rot |

gra-Triebzüge waren die beiden Lokomotiven oft zusammen mit einem Triebwagen auf der Berninalinie im Einsatz. Heute werden sie für Bauzüge, für die Schneeräumung und als Verstärkung am Bernina gebraucht. Die ebenfalls schmalspurige Furka-Oberalp-Bahn (FO, heute MGB) besitzt mit den HGm 4/4 61–62 zwei nahezu baugleiche Lokomotiven, die aber reine Diesellokomotiven sind.

## 2. Rangierlokomotiven und -triebwagen

# De 2/2 151

Die damalige Berninabahn (BB) beschaffte 1909 für Güterzüge auf der »Talstrecke« von Poschiavo nach Tirano einen zweiachsigen Gepäcktriebwagen, der durch die Firmen SIG und Alioth gebaut wurde. Ursprünglich hieß das Fahrzeug Fe 2/2 51 und war mit einem Lyrabügel (bis 1951) ausgestattet. 1965 erfolgte die Umbezeichnung in De 2/2 151. Bereits 1942 und 1961/62 war der Holzaufbau erneuert worden, 1980 wurde der Wagenkasten schließlich zum Schutz gegen die Witterung mit Blech eingekleidet.

An jedem Fahrzeugende befindet sich ein Führerstand, der gegen den Gepäckraum hin offen ist. Der Triebwagen trug mehrere verschiedene Anstriche: grau, gelb, grün und braun. Heute trägt er eine Lackierung in Orange und ist mit einem Einholmbügel ausgestattet, was ihm ein recht modernes Aussehen gibt. Man sieht dem De 2/2 151 nach den zahlreichen Änderungen und Umbauten seine über hundert Jahre natürlich nicht mehr an. Der Einzelgänger war schon früher hauptsächlich in Poschiavo stationiert. Auch heute noch ist er vor Güter- und Dienstzügen auf der Bernina-Linie anzutreffen und abwechselnd in Poschiavo oder Ospizio Bernina beheimatet.

| Anzahl: | 1 |
|---|---|
| Vmax: | 45 km/h |
| Dienstgewicht: | 13 t |
| Stundenleistung: | 154 kW |
| Inbetriebsetzung: | 1909 |
| Anstrich: | grau/gelb/grün/braun/orange |

# Ge 2/2 161–162

Im Jahr 1911 erhielt die Bernina-Bahn diese beiden kleinen elektrischen Lokomotiven, die durch die Firmen SIG und Alioth hergestellt wurden und ursprünglich die Nummern 61 und 62 trugen. Vorgesehen waren sie damals hauptsächlich für Vorspanndienste, Güter- und Dienstzüge sowie Rangieraufgaben, damit nicht mehr mit den vierachsigen Triebwagen rangiert werden musste. Bereits 1928 wurden die Lyra-Schleppbügel durch Scherenstromabnehmer ersetzt, 1971 erhielten sie dann Einholm-Stromabnehmer. Eine Besonderheit an diesen Fahrzeugen ist der geräumige Führerstand, der insgesamt vier Zugänge (auf jeder Seite) hat. Außer ein paar kleineren Umbauten und Änderungen präsentieren sich diese beiden Loks, was das Äußere betrifft, noch beinahe wie bei der Ablieferung vor genau hundert Jahren! Heute kommen beide Ge 2/2 hauptsächlich zwischen Poschaivo, wo sie stationiert sind, und Tirano zum Einsatz. Neben dem Führen von Güter- und Dienstzügen gehören Rangieraufgaben zu ihrem Haupteinsatzgebiet. Ihren braunen Anstrich behielten sie bis Ende der 1980er-Jahre.

| Anzahl: | 2 |
|---|---|
| Vmax: | 45 km/h |
| Dienstgewicht: | 18 t |
| Stundenleistung: | 250 kW |
| Inbetriebsetzung: | 1911 |
| Anstrich: | ev. grün oder grau?/ braun/orange |

57

# Gem 2/4 211

Die dieselelektrische Rangierlok Gem 2/4 211 entstand 1943 aus der Streckenlokomotive Ge 2/4 202, die für den Akku-Betrieb umgebaut wurde. 1967 wurden die altersschwachen Akkumulatoren durch eine Dieselgeneratorgruppe ersetzt. So wurde aus der Ge 2/4 202 erst die Gea 2/4 211 und schließlich die Gem 2/4 211. Im Gegensatz zu anderen Triebfahrzeugen der RhB erhielt die Lok schon relativ früh einen Siemens-Einholm-Stromabnehmer. Die Vorbauten der Lok waren nicht gleich, weshalb sie äußerlich ein wenig an die älteren Ee 3/3 Rangierloks der SBB erinnerte. Mit zunehmendem Alter wurde die Lok auch störungsanfälliger. Aus diesem Grund wurde sie 1995 von Chur nach Landquart versetzt. Im Jahr 2002 konnte auf die Dienste der mittlerweile doch schon fast 90-jährigen Lok verzichtet werden und sie beendete ihr Dasein auf dem Schrottplatz.

| | |
|---|---|
| Anzahl: | 1 |
| Vmax: | 55 km/h |
| Dienstgewicht: | 34 t |
| Stundenleistung: | 230 kW (ab Fahrdraht) 162 kW (Diesel) |
| Inbetriebsetzung: | 1913 (46) |
| Ausrangierungen: | 211 |
| Anstrich: | braun/orange |

# Ge 2/4 212-213

Diese beiden elektrischen Rangierlokomotiven entstanden aus den beiden Ge 2/4 206 (1946) und 201 (1943). Im Gegensatz zu der Gem 2/4 211 verfügten die 212 und 213 über einen rein elektrischen Antrieb. Der bisherige Lokkasten wurde durch einen neuen Aufbau ersetzt. Der in der Mitte gelegene Führerstand erlaubte dem Personal beidseits gute Sicht. Die beiden Lokomotiven waren hauptsächlich in Chur, Landquart, Thusis oder Ilanz mit mittelschweren Rangieraufgaben beschäftigt. Sie bewährten sich gut und blieben immerhin gut ein halbes Jahrhundert im Einsatz. Ein schwerer Unfall beendete 1992 die Karriere der Ge 2/4 213, sie wurde abgebrochen. Die Lok 212, welche 1993 noch den orangefarbenen Anstrich erhielt, stand noch bis 2007 bei der RhB im Einsatz. Schließlich wurde sie ausrangiert, mit braunem Anstrich versehen und nach Paccot (Kanton Freiburg) gegeben. Dort steht sie als Denkmal im Freien und kann von Besuchern der Modelleisenbahnanlage Käserberg bewundert werden.

| | |
|---|---|
| **Anzahl:** | 2 |
| **Vmax:** | 55 km/h |
| **Dienstgewicht:** | 33 t |
| **Stundenleistung:** | 230 kW |
| **Inbetriebsetzung:** | 1913 (46) / 1912 (43) |
| **Ausrangierungen:** | alle |
| **Anstrich:** | braun/oxydrot/ orange (nur 212) |

# Ge 3/3 214–215

Um die auch schon in die Jahre gekommen Rangierlokomotiven Ge(m) 2/4 211–213 vom schweren Rangierdienst etwas entlasten zu können, erhielt die RhB 1984 von RACO und BBC zwei leistungsfähige elektrische Rangierlokomotiven, die auf allen drei Achsen angetrieben sind. Bestellt wurden sie allerdings schon 1982. Bei den damals schon recht modern aussehenden Lokomotiven fallen vor allem das kurze, zentrale Führerhaus sowie die breite, einteilige Frontscheibe auf. Die beiden Fahrzeuge können bei Bedarf im Streckeneinsatz eingesetzt werden, da sie über die nötigen Einrichtungen (Zugsicherung, Sicherheitssteuerung) verfügen und mit 425 kW auch für leichtere Überfuhrzüge genutzt werden können. Dennoch bleiben die Hauptaufgaben der beiden Maschinen der schwere Rangierdienst in Samedan und Landquart oder Chur. Die FO (heute MGB) bestellte ursprünglich ebenfalls zwei Exemplare dieser Type, nahm aber danach ihre Bestellung wieder zurück, was die beiden Lokomotiven verteuerte. Da die Bestellung zeitgleich mit den Streckenlokomotiven Ge 4/4" erfolgte, besitzen diese Lokomotiven zahlreiche identische Bauteile.

| | |
|---|---|
| **Anzahl:** | 2 |
| **Vmax:** | 40 km/h (geschleppt 65 km/h) |
| **Dienstgewicht:** | 33 t |
| **Stundenleistung:** | 425 kW |
| **Inbetriebsetzung:** | 1984 |
| **Anstrich:** | orange |

# Ge 2/4 221–222

Als die RhB in den 1940er-Jahren beschloss, einige Streckenlokomotiven der Serie Ge 2/4 201–207 in Rangierloks umzubauen, wurden 1946 aus den Ge 2/4 203 und 204 die beiden elektrischen Rangierlokomotiven Ge 2/4 221–222. Im Gegensatz zu den Ge(m) 2/4 211–213 sind bei diesen beiden Maschinen die Lokkasten nicht wesentlich verändert worden. Nach anderen Umbauten und Anpassungen verfügten die beiden Lokomotiven doch über eine recht moderne elektrische Ausrüstung, besaßen aber in Gegensatz zu vorher nur noch einen Stromabnehmer. Die Lokomotiven eigneten sich auch ab und zu für den leichten Streckendienst, bis sie von moderneren Lokomotiven definitiv in den Rangierdienst resp. in die Reserve verdrängt wurden. 1998 wurde die Ge 2/4 221 abgebrochen, die Lok 222 gehört heute zum historischen Bestand der RhB-Fahrzeuge und wird für Extrazüge oder besondere Veranstaltungen eingesetzt. Auch wenn sich die Lok nicht mehr im Originalzustand befindet, ist sie ein wichtiger Zeuge aus der Anfangszeit der Elektrifizierung des RhB-Netzes.

| | |
|---|---|
| **Anzahl:** | 2 |
| **Vmax:** | 55 km/h |
| **Dienstgewicht:** | 30 t |
| **Stundenleistung:** | 450 kW |
| **Inbetriebsetzung:** | 1913 (46) |
| **Ausrangierungen:** | 221 |
| **Anstrich:** | braun |

## Gm 3/3 231-233

Anfangs der 1970er-Jahre prüfte die RhB die Anschaffung von neuen Diesellokomotiven. Hauptgrund war unter anderem die Inbetriebnahme einer neuen Güterumladeanlage in Landquart. Schließlich wurden bei der französischen Firma Moyse drei dreiachsige Diesellokomotiven bestellt, die ab 1975 zum Einsatz kamen. Dank der relativ großen Fenstern und der verglasten Tür hat das Personal beim Rangieren optimale Sichtverhältnisse. Im Gegensatz zu vielen anderen, eher kleineren Fahrzeugen besitzen diese Fahrzeuge eine Vielfachsteuerung (1984/85 durch die RhB eingebaut). Nebenbei werden sie bei Bedarf auch mit der Schneeschleuder 9217 eingesetzt, weshalb die Loks über eine entsprechende Fernsteuerung verfügen und von der Schleuder aus bedient werden können. Das Haupteinsatzgebiet der drei Loks beschränkt sich normalerweise auf die Region Chur und Landquart, wo sie sich im mittleren Rangierdienst und in der Landquarter Güterumladeanlage (Normalspur/Schmalspur) nützlich machen, da dort nicht alle Gleise elektrifiziert sind. In der Schweiz sind bei diversen Firmen (z.B. Dätwyler, Ultra Brag, Gerlafingen Stahl, Panlog etc) ähnliche normalspurige Moyse-Lokomotiven für den schienengebunden Werkverkehr im Einsatz. Ebenfalls finden sich einige wenige Moyse-Traktoren bei anderen Schweizer Privatbahnen.

| | |
|---|---|
| **Anzahl:** | 3 |
| **Vmax:** | 55 km/h |
| **Dienstgewicht:** | 34 t |
| **Stundenleistung:** | 220 kW |
| **Inbetriebsetzung:** | 1975–1976 |
| **Anstrich:** | orange |

# Gm 4/4 241 ✗

1959 baute die Firma MaK (Kiel) diesen Diesellokomotivenprototyp mit einer Spurweite von 860 mm. Abnehmer war die Firma Portland Cementwerke in Lägersdorf, wo sie bis 1964 in Betrieb stand. Danach wurde sie auf Meterspur umgebaut und stand noch bei zwei weiteren Bahnen (Kreisbahn Aurich, Brohltalbahn) im Einsatz, ehe sie von der RhB 1988 (via NEWAG) übernommen wurde. Sie wurde an die RhB-Normen angepasst und stand fortan als Gm 4/4 241 im Einsatz. Die Lokomotive bereitete aber öfters Schwierigkeiten, weshalb sie für die geplanten Dienste (z.B. Abraumtransporte der Vereinatunnel-Baustellen) nicht eingesetzt werden konnte. Ebenfalls wurde auf einen nachträglichen Einbau einer Funkfernsteuerung verzichtet. Heute ist sie meistens im Rangierdienst in Landquart anzutreffen.

| Anzahl: | 1 |
|---|---|
| Vmax: | 30 km/h (geschleppt 45 km/h) |
| Dienstgewicht: | 39 t |
| Stundenleistung: | 273 kW |
| Inbetriebsetzung: | 1959 |
| Anstrich: | orange |

# Gmf 4/4 242-243

Gleichzeitig mit der Beschaffung der Lokomotive 241 bestellten die RhB 1991 bei der Firma Gmeinder zwei Baudienstlokomotiven des Typs Gmf 4/4. Die Anforderungen an die Lokomotiven waren hoch. So wurde z.B. verlangt, dass problemlos Anhängelasten von 300 t verschoben werden können. Die robusten Loks besitzen Drehgestelle, was das Befahren enger Kurven erlaubt. Beide Fahrzeuge sind mit einer Funkfernsteuerung sowie einer elektronischen Fahrzeugsteuerung ausgerüstet. Haupteinsatzgebiet waren anfänglich Aushubzüge beim Bau des Vereinatunnels. Heute werden die Loks, die außer der Bernina-Linie auf dem ganzen RhB-Netz eingesetzt werden können, für diverse Zwecke wie Bauzüge, Überfuhren etc verwendet.

| | |
|---|---|
| **Anzahl:** | 2 |
| **Vmax:** | 60 km/h |
| **Dienstgewicht:** | 50 t |
| **Stundenleistung:** | 592 kW |
| **Inbetriebsetzung:** | 1991 |
| **Anstrich:** | gelb |

## 3. Triebwagen und Züge

# BCe 4/4 1–14 / BCFe 4/4 21–23

Ab 1908 lieferten die Firmen SIG und Alioth 14 vierachsige Triebwagen 2./3. Klasse an die Berninabahn. Kurze Zeit später kamen nochmals drei Triebwagen hinzu, die aber zusätzlich mit einem Gepäckabteil ausgestattet waren. Anfänglich verkehrten die Triebwagen in einem hellen Gelb, das später durch ein dunkleres Gelb ersetzt wurde. Danach waren einige Triebwagen in Grün/Crème gestrichen, später ganz in Grün. Erst in den 1960er-Jahren erhielten einige der Triebwagen den roten RhB-Anstrich. Doch zuvor (bereits ab 1926) wurden etliche Fahrzeuge umgebaut und umbezeichnet. So trug z.B. allein der BCFe 4/4 21 bis heute insgesamt sechs verschiedene Bezeichnungen! Fünf Triebwagen wurden 1947 in Zweispannungstriebwagen (1000V / 2400V) umgebaut, damit sie auch auf der damals ebenfalls noch mit Gleichstrom (bis 1997) betriebenen Linie Chur – Arosa eingesetzt werden konnten. Erst 1962 wurde der erste Triebwagen infolge eines schweren Fahrzeugbrandes abgebrochen. Dennoch konnte und wollte die RhB auf die robusten Triebwagen nicht verzichten. Obwohl ab den 1960er-Jahren neun neue Triebwagen

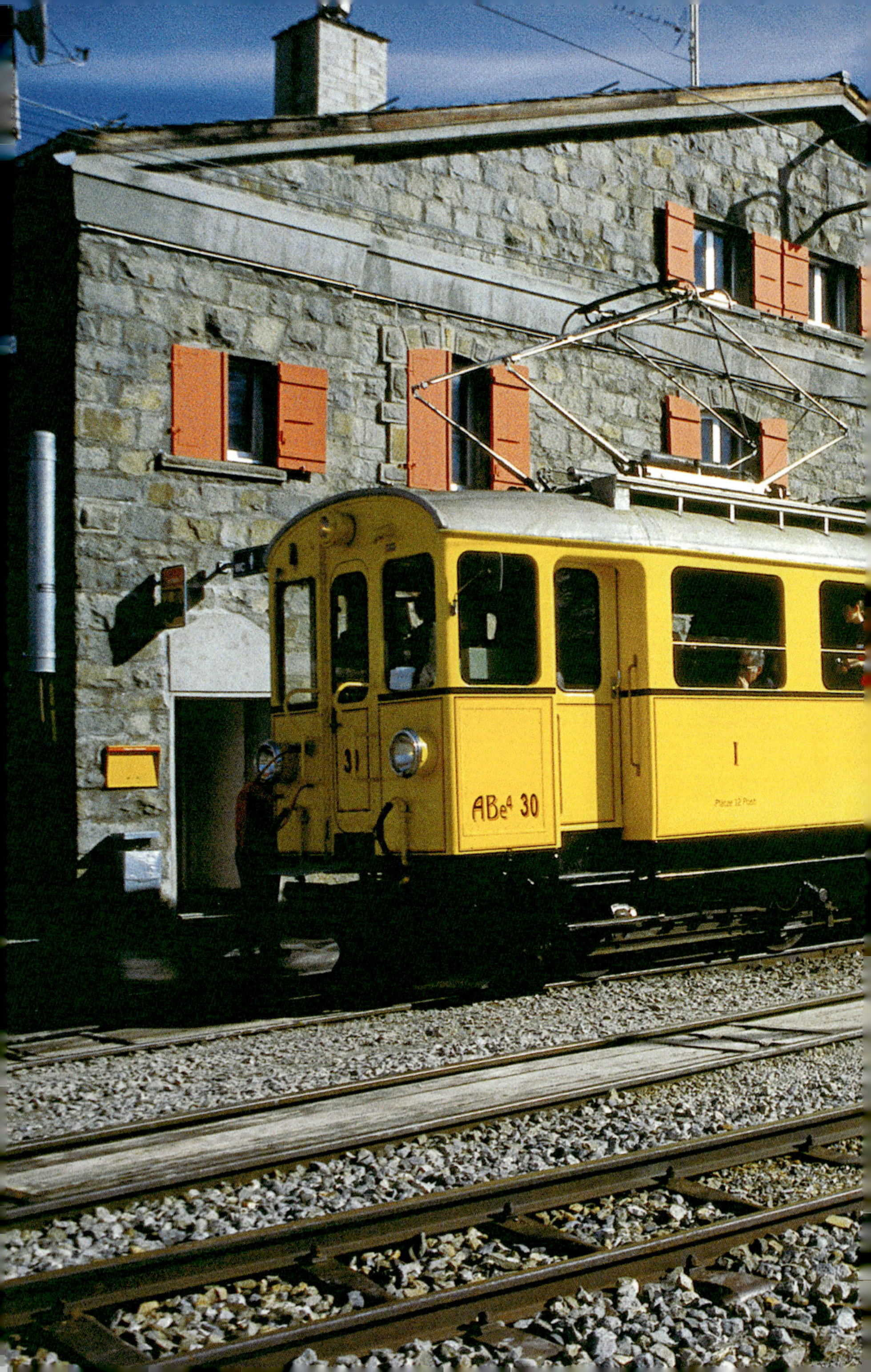
31
ABe4 30
I

Der historische Zug der Berninabahn mit zwei Triebwagen und C114 »La Bucunada« in Ospizio Bernina. Foto: © RhB

(41–49) und ab 1988 abermals sechs moderne und sehr leistungsfähige Fahrzeuge (51–56) in Betrieb genommen wurden, konnten die alten Bernina-Triebwagen doch ab und zu im Einsatz gesehen werden.

Bereits 1953 war der erste Triebwagen in ein Dienstfahrzeug umgebaut worden, vier weitere Exemplare folgten noch bis 1996. Eine Tabelle fast die wichtigsten Änderungen zusammen:

| Tw-Nr. | Umbau in | Bemerkungen |
|---|---|---|
| BCe 4/4 1 | ABe 4/4 31 | Abbruch 2009 |
| BCe 4/4 2 | ABe 4/4 32 | Abbruch 2009 |
| BCe 4/4 3 | ABe 4/4 3 | Abbruch 1969 |
| BCe 4/4 4 | ABe 4/4 34 | historisches Fahrzeug der RhB |
| BCe 4/4 5 | ABe 4/4 33 | Abbruch 1962 (nach Brand) |
| BCe 4/4 6 | ABe 4/4 6 | Xe 4/4 9921 = Abbruch 1970 |
| BCe 4/4 7 | ABe 4/4 7 | Abbruch 1967 |
| BCe 4/4 8 | ABe 4/4 8 | Abbruch 1967 |
| BCe 4/4 9 | Xe 4/4 9920 | Abbruch 1998 |
| BCe 4/4 10 | ABe 4/4 35 | an Museumsbahn Blonay-Chamby (BC) |
| BCe 4/4 11 | ABe 4/4 11 | Abbruch 1977 |
| BCe 4/4 12 | ABe 4/4 37 | Xe 4/4 9923 (als Dienstfahrzeug im Einsatz) |
| BCe 4/4 13 | ABe 4/4 15 | Abbruch 1969 |
| BCe 4/4 14 | ABe 4/4 36 | Xe 4/4 9924 (als Dienstfahrzeug im Einsatz) |
| BCe 4/4 21 | BDe 4/4 38 | Xe 4/4 9922 (als Dienstfahrzeug im Einsatz) |
| BCe 4/4 22 | ABe 4/4 30 | historisches Fahrzeug der RhB |
| BCe 4/4 23 | ABe 4/4 23 | Abbruch 1969 |

Als Besonderheit sei noch erwähnt, dass der Xe 4/4 9921 nach seiner Ausrangierung 1969 noch als Wagenwärterbude in Pontresina bis zu seinem Abbruch 1973 diente. Nach Ablieferung der neuen Triebwagen wurden die damals noch vorhandenen Triebwagen 30–32, und 34–38 für allerlei Dienste eingesetzt: Güterzüge, Hilfszüge, Dienstzüge, Schneeräumung und später Extrazüge. Ab und zu machten sie sich auch im Rangierdienst nützlich. Dank der zahlreichen Modernisierungen sah man den Triebwagen das hohe Alter nicht an. Die Fahrzeuge 36–38 wurden 1992, 1996 und 1998 zu Diensttriebwagen umgebaut und machen sich heute noch in orangefarbenem oder gelbem Anstrich für allerlei Arten von Dienstzügen nützlich. In den Jahren 2000 und 2001 erhielten die Triebwagen 30 und 34 eine gelbe Lackierung und den alten Schriftzug, wie sie ihn schon zu Anfangszeiten der Berninabahn trugen. Mit dem historischen zweiachsigen Anhänger »Bucunada« lassen sie ab und zu wieder diese traditionsreiche Epoche der Berninabahn aufleben. Mit der Lieferung der neuen Allegra-Triebzüge konnte auf die Triebwagen 31 und 32 verzichtet werden und sie beendeten ihre Laufbahn auf dem Schrottplatz. Der Triebwagen 35 fand bei der Westschweizer Museumsbahn Blonay – Chamby eine neue Heimat, wo er auf alte bekannte seiner einstigen Heimatbahn traf.

| | |
|---|---|
| **Anzahl:** | 17 |
| **Vmax:** | 45 km/h/55 km/h |
| **Dienstgewicht:** | 29 t–32 t |
| **Stundenleistung:** | 265 kW/395 kW/440 kW |
| **Inbetriebsetzung:** | 1908–1911 |
| **Ausrangierungen:** | 1–3, 5–9, 11, 13, 23 |
| **Verkauf:** | 35 (ex 10) |
| **Anstrich:** | blassgelb/gelb/ grün-crème/grün rot |

## ABe 4/4" 41-49

Um die 17 Triebwagen aus der Anfangszeit der Berninabahn zu entlasten, bestellten die RhB insgesamt neun Triebwagen, die durch SWS, MFO und BBC ab 1964 geliefert wurden. Die Lieferung erfolgte in zwei Serien: 1964 und 1965 kamen die 41–46 in Betrieb, ab 1972 die Nummern 47–49. Die Triebwagen, die mit Vielfachsteuerung ausgestattet sind, übernahmen nun die Hauptverkehrslast auf der Berninabahn. Die elektrische Ausrüstung der Triebwagen ist weitgehend identisch mit jener der beiden Zweikraftlokomotiven Gem 4/4 801–802. Ebenfalls besitzen die Fahrzeuge eine Vielfachsteuerung für die Bernina-Schneeschleudern Xrotet 9218–9219. Die ganze Triebwagenserie blieb ohne nennenswerte Änderungen bis 2010 im Einsatz. Erst die Inbetriebnahme der neuen Allegra-Triebzüge machte die gefälligen Triebwagen überflüssig. Im Jahr 2010 gingen die ersten fünf Fahrzeuge nach 44 Jahren unermüdlichen Einsatzes ins Alteisen. Die Triebwagen 46–49 sind noch vorhanden und werden, falls nötig, noch am Bernina eingesetzt. Eventuell ist ein Umbau von einem oder von zwei Triebwagen zu Dienstfahrzeugen vorgesehen.

| | |
|---|---|
| Anzahl: | 9 |
| Vmax: | 65 km/h |
| Dienstgewicht: | 41 t / 43 t |
| Stundenleistung: | 680 kW |
| Inbetriebsetzung: | 1964–65 / 1972 |
| Ausrangierungen: | 41–45 |
| Anstrich: | rot |

# ABe 4/4 51–56

Um den doch schon in die Jahre gekommen Triebfahrzeugpark der Bernina-Linie etwas zu verjüngen und den gestiegenen Frequenzen gerecht zu werden, bestellte die RhB Ende der 1980er-Jahre bei SWA und ABB sechs vierachsige Triebwagen. Unter anderem kamen nur Fahrzeuge in Frage, die mit den ABe 4/4 41– 49, den Gem 4/4 801–802 und den Xrotet 9218–9219 in Vielfachsteuerung verkehren können. Die ersten drei gelieferten Triebwagen überzeugten, sodass 1990 nochmals drei gleiche Fahrzeuge hinzukamen. Für ein Schmalspurfahrzeug besitzen diese Triebwagen mit 1016 kW eine beachtliche Leistung. Sie verfügen über die moderne Umrichtertechnik mit GTO-Thyristoren. Die Fahrzeuge bieten 12 Sitzplätze in der ersten und 16 Sitzplätze in der zweiten Klasse. Oft verkehren die Triebwagen in Doppeltraktion. Alle sechs Triebwagen tragen Namen und Wappen:

| | |
|---|---|
| 51 | Poschiavo |
| 52 | Brusio |
| 53 | Tirano |
| 54 | Hakaone |
| 55 | Corviglia |
| 56 | Diavolezza |

Heute fahren die meisten Triebwagen dieser Serie mit einem Werbeanstrich über den Bernina. Die Triebwagen werden auch als ABe 4/4''' genannt, sind aber am Fahrzeug nicht so bezeichnet.

| | |
|---|---|
| **Anzahl:** | 6 |
| **Vmax:** | 65 km/h |
| **Dienstgewicht:** | 52 t |
| **Stundenleistung:** | 1016 kW |
| **Inbetriebsetzung:** | 1988–1990 |
| **Anstrich:** | rot |

# CFm 2/2 150

Die FO (heute MGB) beschaffte 1927 bei SLM, SIG und Scintilla zwei Triebwagen mit Benzinmotoren, welche über einen Adhäsions- und Zahnradantrieb verfügten. Die Fahrzeuge erhielten die Bezeichnung BChm 2/2 21–22 und waren für den leichten Regionalverkehr vorgesehen. 1934 wurde bei beiden Fahrzeugen das 2. Klasse-Abteil zum Gepäckabteil umgebaut, danach hießen sie CFhm 2/2 21 und 22. 1947 übernahm die RhB den Triebwagen 22 und baute den Zahnradantrieb aus, worauf er fortan als CFm 2/2 150 (später BFm) unterwegs war. Sein Einsatzgebiet beschränkte sich auf Dienstzüge sowie als Reservefahrzeug. Allerdings bewährte sich das Fahrzeug nicht sonderlich gut, so wurde es bereits 1955 ausrangiert und wenige Jahre später abgebrochen. Der andere Triebwagen (21) ist noch erhalten: Er gehört seit 1965 dem Verkehrshaus der Schweiz (ausgestellt von 1974–1996) und ging vor kurzem in den Besitz des DFB über. Er ist in teilweise zerlegtem Zustand in Aarau eingestellt.

| | |
|---|---|
| **Anzahl:** | 2 (bei RhB 1) |
| **Vmax:** | 43 km/h |
| **Dienstgewicht:** | 17 t |
| **Stundenleistung:** | 107 kW |
| **Inbetriebsetzung:** | 1927 |
| **Ausrangierungen:** | beide |
| **Verkauf:** | beide |
| **Anstrich:** | oxydrot/grün |

# ABDe 4/4 451–455

1907, zur Eröffnung der Ferrovia Elettrica Bellinzona – Mesocco (BM), lieferte die Waggonfabrik Ringhoffer in Prag drei elektrische, vierachsige Triebwagen ins Misox. Den ursprünglich als BCe 4/4 1–3 bezeichneten Triebwagen folgten 1909 nochmals zwei mehr oder weniger identische Fahrzeuge. Die Schleppbügel wurden 1942 (Übernahme der BM durch die RhB) von der RhB durch Pantographen ersetzt. In den 40er- und 50er-Jahren erhielten die ersten drei Triebwagen 451–453 gebrauchte Motoren anderer Fahrzeuge und eine erneuerte elektrische Ausrüstung. Ebenfalls in den 1950er-Jahren erhielten die ursprünglich zweifarbig gestrichenen Triebwagen ein grünes Farbkleid, nur wenige Jahre später wurden sie rot lackiert. So verrichteten die Triebwagen jahrzehntelang ihren Dienst zwischen Bellinzona und Mesocco, ehe 1969 die Triebwagen 451 und 455 nach Unfällen abgebrochen werden mussten. 1972 wurde auf dieser reizvollen Nebenstrecke der Personenverkehr eingestellt, 1978 verwüstete ein Unwetter den oberen Streckenabschnitt zwischen Cama und Mesocco. 1979 endeten die 452 und 453 unterm Schneidbrenner. Der 1987 ausrangierte Triebwagen 454 stand noch längere Zeit im Bahnhof von Grono abgestellt. Von dort wurde er zuerst nach Stabio (Tessin) verfrachtet und rostete vor sich hin. Im letzten Moment rettete der Verein SEFT (zuvor FM) das Fahrzeug vor dem Abbruch und stellte es in Castione-Arbedo ab. Ende März 2011 wurde der längere Zeit zum Verkauf ausgeschriebene Triebwagen 454 abgebrochen.

| Anzahl: | 5 |
|---|---|
| Vmax: | 55 km/h (zuvor 45 km/h) |
| Dienstgewicht: | 30 t (zuvor 31 t) |
| Stundenleistung: | 265/294 kW (zuvor 176/294 kW) |
| Inbetriebsetzung: | 1907, 1909 |
| Ausrangierungen: | alle |
| Verkauf: | 454 |
| Anstrich: | grün-crème/grün/rot |

# ABFe 4/4 481–486

Die seit ihrer Eröffnung mit Gleichstrom betriebene Chur-Arosa-Bahn (ChA) beschaffte 1914 bei der SWS und BBC vier Triebwagen, die ursprünglich die Bezeichnung BCFe 4/4 1–4 trugen. 1925 und 1929 kam nochmals je ein beinahe identisches Fahrzeug hinzu. Die Triebwagen boten insgesamt 40 Sitzplätze, 16 davon in zweiter Klasse und 24 in dritter Klasse. Bereits Anfang der 1930er-Jahre wurden die Motoren der ersten fünf Fahrzeuge an den letztgelieferten Triebwagen angepasst. Bei der Übernahme der ChA durch die RhB wurden die Triebwagen umnummeriert: aus den 1–5 wurden 481–485, aus dem 6 der 486 (und später gar noch 487). So verkehrten die Triebwagen unermüdlich zwischen Chur und Arosa, bis 1957 sechs modernere und leistungsfähigere Triebwagen die alten Fahrzeuge entbehrlich machte. Die Triebwagen 481–485 wurden alle 1957 noch abgebrochen, es konnten aber etliche Teile davon für die neuen Triebwagen weiterverwendet werden. Der Triebwagen 486 hielt sich noch bis 1969 im Dienst, ehe er nach einem Unfall 1971 abgebrochen wurde. Auch von diesem Fahrzeug konnten Teile für den neuen ABDe 4/4 487 verwendet werden.

| | |
|---|---|
| **Anzahl:** | 6 |
| **Vmax:** | 30 km/h |
| **Dienstgewicht:** | 38–40 t |
| **Stundenleistung:** | 280 kW / 380 kW |
| **Inbetriebsetzung:** | 1914/1925/1929 |
| **Ausrangierungen:** | alle |
| **Anstrich:** | grau-zartblau/ grün-crème/rot |

Foto: Joachim Grosser

# ABDe 4/4 481–486

Ende der 1950er-Jahre wurde die Chur-Arosa-Linie, mittlerweile ein Teil der RhB, immer noch mit den elektrischen Triebwagen aus der Eröffnungszeit betrieben. So lieferten die SWS und BBC ab 1957 sechs elektrische Triebwagen mit insgesamt 36 Sitzplätzen (12 in der 1.Kl., 24 in der 2.Kl.). Etliche Teile der alten Triebwagen konnten für diese neuen sechs Triebwagen weiter verwendet werden. Die Triebwagen trugen danach die Hauptlast auf der mit Gleichstrom betriebenen Linie von Chur nach Arosa. Die formschönen Fahrzeuge verrichteten praktisch unverändert und zufriedenstellend ihren Dienst, bis sie 1997 bei der Umstellung der Chur-Arosa-Linie auf Wechselstrom arbeitslos wurden. Vier Triebwagen (481–483, 485) wurden 1999 abgebrochen, die anderen zwei gingen nach Frankreich zur Museumsbahn St-Georges-de-Commières–La Mure, wo sie sich auch noch heute befinden. Zwar wurden mit mindestens einem Triebwagen einige wenige (Test-) Fahrten absolviert, zum Einsatz kommen sie aber so gut wie nie und sind in St-Geogres-de-Commières eingestellt.

| Anzahl: | 6 |
|---|---|
| Vmax: | 65 km/h |
| Dienstgewicht: | 43 t |
| Stundenleistung: | 500 kW |
| Inbetriebsetzung: | 1957–1958 |
| Ausrangierungen: | alle |
| Verkauf: | 484, 486 |
| Anstrich: | rot |

## ABe 4/4 487–488

Der steigende Verkehr auf der Chur-Arosa-Linie und das unfallbedingte Ausscheiden des betagten ABDe 4/4 487 zwang 1973 die RhB zur Anschaffung zweier weiterer Triebwagen (SWS und SAAS) für diese Gleichstromlinie. Im Gegensatz zu den sechs Vorgängern 481–486 wurde bei diesen Triebwagen auf ein Gepäckabteil verzichtet. Die beiden Triebwagen besaßen von Beginn an Einholmstromabnehmer, unterschieden sich aber ansonsten nicht so sehr von ihren Vorgängern. Die Triebwagen erfüllten ihre Dienste zwischen Chur und Arosa zur Zufriedenheit, ehe sie bei der Umstellung dieser Linie von Gleich- auf Wechselstrom im Jahr 1997 ausrangiert werden mussten. Ein neuer Käufer konnte für die beiden noch relativ jungen Triebwagen schon bald gefunden werden. Nach ein paar Anpassungen werden sie regelmäßig auf dem Netz der CJ (Chemins de fer du Jura) hauptsächlich für Güterzüge eingesetzt. Die CJ betreibt die Linien Glovelier – La Chaux-de-Fonds sowie Le Noirmont – Tavannes. Als Bef 4/4 641–642 sind sie oft in den Franches Montagnes unterwegs. Der Transport von Abfallcontainern gehört u.a. zu ihrem Stammaufgabenbereich. Der Triebwagen 642 ist unterdessen mit einer Ganzreklame versehen.

| | |
|---|---|
| Anzahl: | 2 |
| Vmax: | 65 km/h |
| Dienstgewicht: | 44 t |
| Stundenleistung: | 500 kW |
| Inbetriebsetzung: | 1973 |
| Ausrangierungen: | alle |
| Verkauf: | alle |
| Anstrich: | rot |

# BDe 4/4 491

| Anzahl: | 1 |
|---|---|
| Vmax: | 65 km/h |
| Dienstgewicht: | 41 t |
| Stundenleistung: | 600 kW |
| Inbetriebsetzung: | 1958 |
| Verkauf: | 491 |
| Anstrich: | rot |

Mit der Inbetriebnahme 1958 des im Vergleich zu den anderen Triebwagen der Misoxer Linie doch leistungsstärkeren BDe 4/4 491 (SWS / BBC) wollte die RhB den schon in die Jahre gekommenen Fahrzeugpark dieser Gleichstromlinie verstärken. Da er hauptsächlich für den Güterverkehr vorgesehen war, wich er doch zu den mehr oder weniger gleichzeitig gelieferten Triebwagen für die Chur-Arosa-Linie ab. Auf das 1. Klasse-Abteil wurde ganz verzichtet, in der 2.Klasse waren lediglich 16 Sitzplätze vorhanden. Das Fahrzeug wurde hauptsächlich für den Rollschemelverkehr eingesetzt. Nach der Einstellung des Personenverkehrs (1972) auf dieser Linie und nach schweren Schäden durch Unwetter (1978) an den Gleisanlagen, beschränkte sich der Einsatz des Triebwagens auf die verbliebene Reststrecke Castione – Cama, wobei eigentlich nur noch der Abschnitt vom Valmoesa Stahlwerk bei San Vittore zum SBB Bahnhof Castione – Arbedo mit relativ bescheidenem Güterverkehr zu bedienen war. Bereits 1971 für eine kürzere Zeit, und heute auf Dauer erhielt der BDe 4/4 491 Gesellschaft von zwei Triebwagen der Appenzeller Bahn (ABe 4/4 41–42). Schon 1995 gründete sich ein Verein, mit dem Ziel, wenigstens auf dem noch existierenden Abschnitt Museumszüge verkehren zu lassen. Heute besitzt die SEFT (Società Esercizio Ferroviario Turistico) neben dem Triebwagen 491 noch andere Fahrzeuge. Inzwischen ist er zum BDe 4/4 6 umnummeriert worden, die weiße Zierlinie wurde entfernt.

# De 4/4 471

1907, dem Eröffnungsjahr der Ferrovia Elettrica Bellinzona – Mesocco (BM), lieferten die Firmen Ringhoffer (Prag) und Rieter neben drei Personentriebwagen diesen Gepäcktriebwagen, der die Bezeichnung Fe 4/4 501 erhielt. Das Untergestell war mehr oder weniger identisch mit jenen der Personentriebwagen. Die Ladefläche war mit knapp 18 m² relativ groß, das Ladegewicht betrug immerhin 10 t. Das Fahrzeug blieb bis zur Fusion 1942 mit der RhB ohne nennenswerte Änderungen. Bei der RhB erhielt dann der Einzelgänger die Bezeichnung Fe 4/4 471 (später De 4/4), da mit dem »Fliegenden Rhätier« bereits ein Fahrzeug mit dieser Nummer vorhanden war. Beim 1945 erfolgten Umbau wurde das Fahrzeug nur unwesentlich verändert und erhielt einen anderen Stromabnehmer. Leider verunfallte das formschöne Fahrzeug 1969 mit einem Personentriebwagen, sodass nur noch der Abbruch übrig blieb. Bleibt noch zu erwähnen, dass das Fahrzeug während der ganzen Dienstzeit mit einem Holzkastenaufbau ausgestattet war.

| Anzahl: | 1 |
|---|---|
| **Vmax:** | 45 km/h |
| **Dienstgewicht:** | 26 t |
| **Stundenleistung:** | 147 kW |
| **Inbetriebsetzung:** | 1907 |
| **Ausrangierungen:** | 471 |
| **Anstrich:** | grün/rot |

Foto: Gian Brüngger

# ABe 4/4 501–504

1939 lieferten die Firmen SWS/BBC und MFO vier so genannte »Leichttriebwagen« (inklusive acht Beiwagen) an die RhB. Bei der Ablieferung verfügten die Triebwagen über Abteile der 2. und 3. Klasse, weshalb die ursprüngliche Bezeichnung bis 1956 BCe 4/4 war. Wegen anfänglichen Kinderkrankheiten wurden die Fahrzeuge seit 1946 kontinuierlich verbessert, um endlich betriebstaugliche Fahrzeuge zu haben. Unter anderem wurden auch die Drehgestelle verstärkt. Bis 1948 die ersten Ge 4/4' erschienen, führten sie als »Fliegende Rhätier« die Schnellzüge Chur – Landquart – Davos, kamen aber auch auf der Albula-Linie bis nach St. Moritz zum Einsatz. Weil sie dann aber bald einmal dem wachsendem Passagieraufkommen nicht mehr gewachsen waren, wurden sie ins Engadin versetzt und machten sich auf den Linien Scuol – St. Moritz und Pontresina – Samedan nützlich. Zwischen 1968 und 1971 erhielten die Triebwagen die Einrichtung für Vielfachsteuerung, weshalb die markanten Faltenbälge ausgebaut wurden (1982 aber bauten die RhB die Faltenbälge wieder ein). Nachdem die in die Jahren gekommen Triebwagen mehr und mehr schadenanfällig wurden, nahmen die RhB die Fahrzeuge 503 und 504 aus dem Betrieb. Der Triebwagen 503 wurde 1997 noch provisorisch in einen Steuerwagen umgerüstet, endete aber genau wie der Triebwagen 504 im Jahr 1998 auf dem Schrottplatz. Der Triebwagen 502 hielt sich noch bis 1999, diente dann als Ersatzteilspender für den Triebwagen 501 und wurde danach ebenfalls abgebrochen. Doch damit diese Epoche dokumentiert wird, hat die RhB den Triebwagen 501 mit passenden Wagen als historisches Fahrzeug im Bestand. Zu speziellen Anlässen oder für Extrafahrten wird der Triebwagen, der normalerweise in Samedan stationiert ist, gelegentlich eingesetzt.

| Anzahl: | 4 |
|---|---|
| Vmax: | 70 km/h |
| Dienstgewicht: | 39 t |
| Stundenleistung: | 440 kW |
| Inbetriebsetzung: | 1939–1940 |
| Ausrangierungen: | alle außer 501 |
| Anstrich: | rot |

# Be 4/4 511–516

1971 erhielten die RhB vier Triebwagen mit Thyristorsteuerung (stufenlose Stromrichter) und dazugehörenden Zwischen- und Steuerwagen für den Vorortverkehr. 1979 kamen nochmals zwei solche Pendelzüge hinzu, die von den Firmen SIG, FFA und SAAS geliefert wurden. Mit diesen modernen und gefälligen Zügen konnten lokbespannte Regionalzüge ersetzt werden. Von 1994 bis 2000 wurden die Fahrzeuge modernisiert (Neuverkabelung, Austausch der Stromrichteranlage etc.). Markanteste sichtbare Änderungen sind aber zum Beispiel viereckige Scheinwerfer oder Klappfenster, die die klassischen Senkfenster ersetzt haben.

Heute kommen in der Regel alle Triebwagen (mit zwei Zwischen- und einem Steuerwagen) auf der Achse Schiers–Landquart–Chur–Thusis im Pendelverkehr zum Einsatz. Da aber die ersten Fahrzeuge auch schon 40 Jahre alt sein, dürften sie gelegentlich durch eine neue Serie von Allegra-Triebzügen abgelöst werden. Ihrer Zuverlässigkeit und Robustheit ist es zu verdanken, dass die Fahrzeuge heute noch alle im Einsatz stehen, leisten sich doch bis zu 160.000 km pro Jahr!

| Anzahl: | 6 |
|---|---|
| Vmax: | 90 km/h |
| Dienstgewicht: | 45 t |
| Stundenleistung: | 780 kW |
| Inbetriebsetzung: | 1971/1979 |
| Anstrich: | rot |

# ABe 8/12 3501–3515

Um auf dem RhB-Netz Loks und Triebwagen, die schon seit gut 60 Jahren im Einsatz stehen, zu ersetzen, war es notwendig, neue Fahrzeuge anzuschaffen. Mit dem durch Stadler erbauten, dreiteiligen Triebzug vom Typ »Allegra« erschien eine neue Generation von viel beachteten Triebfahrzeugen auf den Geleisen. Die Zweispannungszüge können auf dem ganzen Netz verkehren. Der Mittelwagen ist ohne Antrieb, die anderen beiden Fahrzeugteile bringen stattliche 2400–2600 kW auf die Schiene, je nach Spannung. Die fast 50 Meter langen Züge werden hauptsächlich auf der Chur-Arosa-Linie, der Bernina-Linie und zwischen Landquart und Davos eingesetzt. Die gefälligen Fahrzeuge sind mit modernster Technik ausgerüstet und bieten 24 Sitzplätze in der 1. Klasse, 90 Plätze in der 2. Klasse. Mit einer Geschwindigkeit von 145 km/h wurde auch ein Geschwindigkeitsrekord auf Schmalspurgleisen erreicht! Die Fahrzeuge tragen Namen von Bündner Persönlichkeiten. Ab 2011 folgen fünf ähnliche Fahrzeuge (allerdings vierteilig) für den Vorortsverkehr von Chur. Diese ABe 4/16 3101–3105 werden 180 Sitzplätze (24 1.Kl., 156 2.Kl.) bieten, können aber im Vergleich zu den dreiteiligen »Allegras« nur unter Wechselstrom verkehren.

| Anzahl: | 15 |
|---|---|
| Vmax: | 100 km/h |
| Dienstgewicht: | 99 t |
| Stundenleistung: | 2400 kW (=)/2600 kW (~) |
| Inbetriebsetzung: | 2009–2011 |
| Anstrich: | rot |

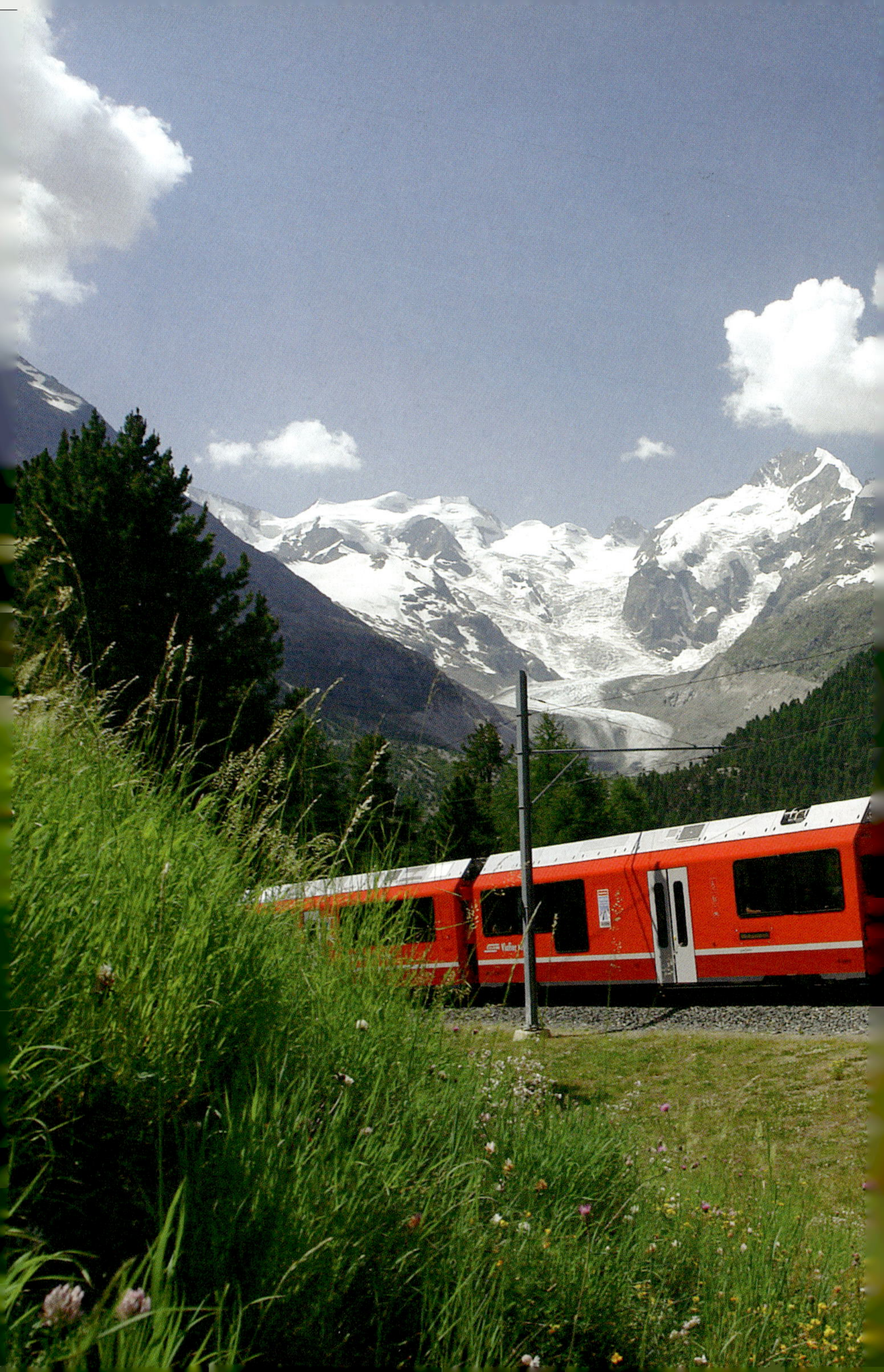

Auf dem gesamten RhB-Netz zu Hause: Ein Allegra-Triebzug bei Morteratsch auf der Berninabahn; im Hintergrund der Morteratschgletscher. Foto: © RhB / Tibert Keller

## 4. Traktoren

# Draisinen Dm 1/2

Wie die SBB und andere Schweizer Privatbahnen besaß die RhB ein paar wenige Draisinen, die vor allem durch die Bahnmeister benützt wurden. Um 1920 lieferte die Firma Asper eine Motordraisine, die für vier Mitarbeiter Platz bot. Anfang der 1960er-Jahre das Gefährt ausrangiert. Im Jahr 1964 kam die Draisine ins Verkehrshaus Luzern, wo sie heute in braunem Anstrich (original: Signalrot) zu bewundern ist. Eine weitere Motordraisine (Zweiplätzer) kam um 1930 von einer Firma aus Schweden zur RhB. 1968 ging sie in die Obhut der Westschweizer Privatbahn Blonay–Chamby (BC) über, wo sie sich auch heute noch befindet. 1994 und 1998 erhielten die RhB aus den USA zwei zweiplätzige Draisinen, die eigentlich als »Alumi-Cart« bezeichnet werden. Die Räder sind aus Gummi, zum Bremsen dienen zwei Scheibenbremsen. Beide Fahrzeuge sind heute noch im Bestand der RhB und in der Regel in Davos stationiert. Zwischendurch besaß die RhB aber noch eine kleine Anzahl an anderen Motordraisinen, die aber heute nicht mehr existieren.

# Tm 2/2 11 / Tm 2/2 70

1930 bauten Daimler und SLM für die Chur-Arosa-Bahn einen Benzintraktor, der als Tm 2/2 11 in Dienst gestellt wurde. Das Fahrzeug war gerade mal etwas mehr als fünf Meter lang. Der 8-Zylinder-Viertaktmotor erbrachte eher eine bescheidene Leistung von 22 kW. Das Kleinfahrzeug verfügte über eine Hand- sowie eine Auspuffbremse. Sein Haupteinsatzgebiet blieb der Bahnhof Chur. Mit der Übernahme der selbständigen Bündner Gleichstrombahnen 1942/43 erhielt er die Nummer 52, 1950 wurde er nochmals umnummeriert und hieß fortan Tm 2/2 70. Doch bereits 1957, als die Ablieferung der Tm 2/2 56–67 begann, wurde der Einzelgänger abgebrochen.

| Anzahl: | 1 |
|---|---|
| **Vmax:** | 19 km/h (geschleppt 25 km/h) |
| Dienstgewicht: | 6,5 t |
| Stundenleistung: | 22 kW |
| Inbetriebsetzung: | 1930 |
| Ausrangierungen: | 70 |

Foto: Joachim Grosser

# Tm 2/2 15–26  25

In den 1950er-Jahren kam immer mehr der Bedarf an kleineren, einfachen Rangiertraktoren auf. Da wie bei vielen anderen Bahnen etliche Abstell- und Anschlussgleise im RhB-Netz nicht elektrifiziert sind, beschaffte die RhB 12 Dieseltraktoren, die durch die Firma RACO geliefert wurden. Mi ihrer Plattform und dem einfachen, aber robusten Aufbau vertreten sie die typische Schweizer Rangiertraktorengruppe, die in den 50er- und 60er-Jahren an zahlreiche Bahnen (Schmal- und Normalspur) und Firmen geliefert wurden. Bei der Ablieferung, die in vier Serien von 1957 bis 1969 erfolgte, trugen sie die Nummern 56–67. Als dann aber Anfang der 1990er-Jahre für die Berninalinie die Triebwagen mit den Nummern 51–56 geliefert wurden, erhielten sie die Nummern 15–26. Jahrzehntelang rangierten sie unermüdlich Wagen oder kleinere Züge auf den größeren Bahnhöfen (z.B. Arosa, Tirano, Reichenau-Tamins, Surava, Klosters). Obwohl in den 1990er-Jahren und im letzten Jahrzehnt über ein Dutzend neue Dieseltraktoren in Betrieb genommen wurden, hielt sich die ganze Serie bis 2006 im Einsatz. Mittlerweilen sind fünf Traktoren abgebrochen worden, zwei weitere gingen an eine Museumsbahn in Frankreich und werden dort ähnliche Aufgaben übernehmen. Zurzeit stehen noch fünf Traktoren im Einsatz, eine baldige Ausrangierung dürfte aber nicht mehr allzu lange auf sich warten lassen.

| | |
|---|---|
| Anzahl: | 12 |
| Vmax: | 30 km/h (geschleppt 55 km/h) |
| Dienstgewicht: | 9 t |
| Stundenleistung: | 44 kW |
| Inbetriebsetzung: | 1957–1969 |
| Ausrangierungen: | 17, 18, 19, 23, 24 |
| Verkauf: | 15, 21 |
| Anstrich: | orange |

# Tm 2/2 68

Als »Occasionsfahrzeug« gelangte 1954 ein kleiner Dieseltraktor zur RhB. Das 1948 von RACO erbaute Fahrzeug war zuvor auf der Westschweizer Privatbahn Chemins de fer des Montagnes Neuchâteloises (CMN), die heute TRN SA heißt, als Tm 2/2 1 im Einsatz. Das mit einem Saurer-Dieselmotor ausgerüstete Fahrzeug war hauptsächlich auf der Station Grüsch im Einsatz. 1974 wurde es neu motorisiert. 1989 wurde es zwar intern noch umbezeichnet, ging aber bereits ein Jahr später an die Dampfbahn Furka-Bergstrecke (DFB). Bei dieser bekannten und beliebten Museumsbahn erhielt der Traktor eine Totalrevision, bei der unter anderem auch das Fahrzeugdach abgeändert wurde. Nach der Anpassung auf die Bedürfnisse an seinem neuen Einsatzort in Relap DFB macht sich der Traktor hauptsächlich im Depot-Areal nützlich. Dank seiner relativ kurzen Bauweise eignet er sich optimal für das Verschieben von Fahrzeugen im Bereich der Drehscheibe. Zu RhB-Zeiten war er in Oxydrot gestrichen, jetzt erstrahlt er in einem etwas helleren Rot. Weil das Fahrzeug aber über keinen Zahnradantrieb verfügt, ist ein Einsatz auf der Strecke der DFB nicht möglich.

| Anzahl: | 1 |
|---|---|
| Vmax: | 20 km/h |
| Dienstgewicht: | 3,5 t |
| Stundenleistung: | 30 kW |
| Inbetriebsetzung: | 1948 |
| Verkauf: | 68 |
| Anstrich: | oxydrot (RhB)/rot (DFB) |

# Tm 2/2 69

Dieser kleine Rangiertraktor wurde 1927 von der SLM erbaut und als Gm 2/2 51 in Betrieb genommen. Er war damals der erste Traktor im Stationsdienst der RhB. 1957 erfuhr der Traktor einen Umbau, wobei der Benzinmotor durch einen Dieselmotor ersetzt wurde. 1949 sollte er die Bezeichnung Xm 2/2 9901 erhalten, wozu es mit großer Wahrscheinlichkeit nie kam. Nur ein Jahr später hieß er dann Tm 2/2 69. Hauptsächlich stand das Fahrzeug in Tiefencastel oder Untervaz im Einsatz. 1981 entgleiste der Traktor in Untervaz, was zugleich auch seine Ausrangierung und den darauf folgenden Abbruch bedeutete. Ähnliche, ebenfalls durch die SLM erbaute Traktoren (Normalspur) waren bei der Bodensee-Toggenburg-Bahn und bei der SBB (später PTT und danach MO) im Einsatz, exstieren aber auch nicht mehr.

| | |
|---|---|
| **Anzahl:** | 1 |
| **Vmax:** | 26 km/h |
| **Dienstgewicht:** | 21 t |
| **Stundenleistung:** | 73 kW (nach Umbau 66 kW) |
| **Inbetriebsetzung:** | 1927 |
| **Ausrangierung:** | 69 |
| **Anstrich:** | grün/oxydrot |

Foto: Gian Brüngger

# Te 2/2 71–73

Um dem steigenden Güteraufkommen auf mittelgroßen Stationen gerecht zu werden, bestellten die RhB drei zweiachsige elektrische Rangiertraktoren, die durch die SLM und SAAS 1946 geliefert wurden. Der Aufbau besteht aus einem geschlossenen Führerstand und einer großen, gedeckten Plattform, auf der Ladungen bis immerhin 2000 kg mitgeführt werden können. Im Gegensatz zu seinen zwei Brüdern hatte der Te 2/3 73 eine Einrichtung zum Vorheizen. 1985 erhielten alle drei Traktoren einen Neuaufbau sowie einen Neuanstrich. Die Traktoren waren lange in Davos Platz, Thusis und Ilanz stationiert. Später dann in Filisur (71), Davos Platz (72) und Grüsch (73). In den Jahren 2006 bis 2008 wurden die drei doch ziemlich betagten Traktoren ausrangiert und abgebrochen.

Zwei identische Fahrzeuge standen seit 1941 auf der Brüniglinie im Einsatz, gehören aber unterdessen dem Verein Brünig-Nostalgie-Bahn (BNB) und sind in Luzern abgestellt. Die FO (heute MGB) besitzt mit dem Te 2/2 4926 ebenfalls einen solchen Rangiertraktor, der immer noch in Brig (Depot Glisergurnd, zuvor Bahnhof) für leichtere Rangieraufgaben eingesetzt wird.

| Anzahl: | 3 |
|---|---|
| Vmax: | 30 km/h (geschleppt 55 km/h) |
| Dienstgewicht: | 13 t |
| Stundenleistung: | 230 kW |
| Inbetriebsetzung: | 1946 |
| Ausrangierungen: | alle |
| Anstrich: | grün/oxydrot/orange |

# Te 2/2 74-75

Im Jahr 1969 lieferten die deutschen Firmen Siemens und Schalker Eisenhütte diese beiden elektrischen Traktoren. Sie waren die ersten beiden Fahrzeuge im Fahrzeugpark der RhB, die über eine Thyristorsteuerung verfügten. Schon bei der Ablieferung erhielten die bullig wirkenden Fahrzeuge Namen wie »Schützenpanzer« oder »Panzerwagen«. Sie waren schon ab Werk mit den damals modernen Siemens-Einholmstromabnehmern ausgestattet. Mit den beidseitig vorhandenen Bahnräumern konnten diese Bahndienst-Traktoren auch geringere Schneehöhen bewältigen. In den Jahren 1986 und 1987 durchliefen die beiden Fahrzeuge einen Umbau, wobei sie u.a. mit einem Kranaufbau ausgestattet wurden. Der anfangs typische oxydrote Anstrich wich dem neuen Gelb. Stationiert waren die Fahrzeuge in der Regel in Landquart und Thusis. Obwohl die sehr robust gebauten Traktoren für diverse Aufgaben eingesetzt wurden, häuften sich die Pannen im Laufe der Zeit immer mehr. Auch der rein elektrische Antrieb war nicht unbedingt ein großer Vorteil. Der Te 2/2 75 verschwand im Jahr 2000 vom Netz der RhB, das Schwesterfahrzeug nur ein Jahr später.

| Anzahl: | 2 |
|---|---|
| Vmax: | 50 km/h (geschleppt 55 km/h) |
| Dienstgewicht: | 25 t (ohne Kran 23 t) |
| Stundenleistung: | 230 kW |
| Inbetriebsetzung: | 1969 |
| Ausrangierungen: | alle |
| Anstrich: | oxydrot/gelb |

# Ta 1/2 80

Dieses kleine Rangierfahrzeug – 1980 durch die Firma Windhoff (D) erbaut – verlässt so gut wie nie die Werkhallen in Landquart. Das auch als Tele Trac bezeichnete Fahrzeug dient hauptsächlich für das Rangieren von einzelnen Fahrzeugen auf der Unterflur-Drehbank in der Hauptwerkstätte Landquart. Mit einer Höchstgeschwindigkeit von knapp 4 km/h kann das Fahrzeug kaum für andere Aufgaben gebraucht werden. Anfang der 1990er-Jahre erhielt der Akkutraktor ahnlässlich einer Revision einen neuen Motor.

Die Bedienung durch das Personal erfolgt auf der Seite in sitzender Position. Bei anderen Bahnen sind ähnliche Fahrzeuge (u.a. auch durch die Firma Niteq erbaut) für denselben Zweck im Einsatz.

| Anzahl: | 1 |
|---|---|
| Vmax: | 3,9 km/h |
| Dienstgewicht: | 3 t |
| Stundenleistung: | 2,5 kW |
| Inbetriebsetzung: | 1980 |
| Anstrich: | orange |

# Tm 2/2 81-84

Bei diesen vier durch RACO erbauten Dieseltraktoren (der Dieselmotor stammt von der Firma Cummins) handelt es sich um typische Fahrzeuge für den Baudienst, wie sie in der Schweiz bei diversen anderen Bahnen (z.B. FART, TRN SA, BAM, ASm etc) in gleicher oder ähnlicher Form im Einsatz stehen. Die robusten Fahrzeuge erlauben auf der Zweiseiten-Kippbrücke das Mitführen von Lasten von bis zu vier (!) Tonnen. Die den Bahnmeistern zugeteilten Fahrzeuge werden auch gelegentlich als Stoßfahrzeuge für die Spurpflüge Xk 9141-9147 verwendet, womit auf rationale Weise die Schienen vom Schnee geräumt werden können. Mit dem auf der Plattform vorhandenem Kran können Lasten von über 800 kg angehoben werden. Ihre zulässige Höchstgeschwindigkeit von 50 km/h lässt einen flexiblen Einsatz zu. Ebenfalls werden die Traktoren gerne für die Neuschotterung von Streckenabschnitten eingesetzt. 1997 war der Tm 2/2 82 in einen schweren Unfall (in Cavadürli nähe Klosters) verwickelt, worauf er ein Jahr später abgebrochen werden musste. Die anderen drei Traktoren sind auf das ganze Stammnetz verteilt und beinahe täglich im Einsatz anzutreffen.

| | |
|---|---|
| Anzahl: | 4 |
| Vmax: | 60 km/h (geschleppt 80 km/h) |
| Dienstgewicht: | 22 t |
| Stundenleistung: | 336 kW |
| Inbetriebsetzung: | 1985 |
| Ausrangierungen: | 82 |
| Anstrich: | gelb |

# Tmf 2/2 85–90

Steigendes Verkehrsaufkommen brachte die kleinen Tm 2/2 15–26 öfters an die Grenzen ihrer Leistungen. Deshalb beschaffte die RhB ab 1991 bei RACO fünf Dieseltraktoren. Dank der guten Erfahrungen mit den Tm 2/2 81–84 wurde bei diesen neuen Traktoren wesentliche Teile der Antriebstechnik sowie die Cummins-Dieselmotoren übernommen. Im Gegensatz zu den anderen bereits im Einsatz stehen Traktoren besaßen diese Fahrzeuge eine elektronische Steuerung sowie eine Funkfernsteuerung. Im Jahr 1994 kam noch ein sechstes Fahrzeug (Tmf 2/2 90) hinzu. Bei der Betriebsart mit Funkfernsteuerung ist die Höchstgeschwindigkeit auf 30 km/h begrenzt. Diese typischen Stationstraktoren eignen sich auch für leichtere Überfuhrzüge zwischen den Stationen. Mit 336 kW besitzt dieser zweiachsige Dieseltraktor doch eine beachtliche Leistung. Stationiert sind sie auf mittelgroßen Bahnhöfen der RhB, verteilt auf das ganze Netz. Die Regionalverkehr Bern-Solothurn (RBS) besitzt mit den ebenfalls orange gestrichenen Tmf 2/2 165 und 166 zwei beinahe identische Traktoren.

| Anzahl: | 2 |
|---|---|
| Vmax: | 50 km/h (geschleppt 60 km/h) |
| Dienstgewicht: | 24 t |
| Stundenleistung: | 336 kW |
| Inbetriebsetzung: | 1991–1994 |
| Anstrich: | orange |

# Tm 2/2 91 ‒ 92

Im Jahr 1959, nur zwei Jahre nach der Lieferung der ersten vier Tm 2/2 Traktoren, erhielt die RhB zwei weitere kleine Dieseltraktoren, die von RACO (Saurer-Dieselmotor) geliefert wurden und die Bezeichnung Tm 2/2 91–92 erhielten. Das Fahrgestell ist mehr oder weniger identisch mit jenem der Tm 2/2 15–26, nur der Aufbau reicht bei diesen beiden Traktoren über die ganze Fahrzeuglänge. Die beiden Traktoren gleichen äußerlich den zahlreich an die SBB und an Privatbahnen gelieferten normalspurigen Tm" Traktoren. Neben Rangieraufgaben wurden die beiden Fahrzeuge hauptsächlich dem Bahndienst und der Beförderung von leichteren Bauzügen zugeteilt. 1986 erfuhr der Tm 2/2 92 einen kleineren Umbau und wurde so angepasst, dass er der Sektion Kabeldienst Chur dienen konnte. Beide Fahrzeuge waren auf dem ganzen RhB Netz einsatzfähig, dennoch waren sie oftmals auf der Albula-Linie anzutreffen. Die Fahrzeuge standen knapp ein halbes Jahrhundert auf dem Netz der RhB im Einsatz, ehe sie 2006 (91) und 2007 (92) an die Dampfbahn Furka-Bergstrecke (DFB) verkauft wurden. Dort machen sie sich für allerlei Dienste (in der Regel Realp DFB und Gletsch) nützlich. Sie tragen immer noch das RhB-Gelb und dieselben Nummern.

| | |
|---|---|
| **Anzahl:** | 2 |
| **Vmax:** | 40 km/h (geschleppt 55 km/h) |
| **Dienstgewicht:** | 10 t |
| **Stundenleistung:** | 48 kW |
| **Inbetriebsetzung:** | 1959 |
| **Verkauf:** | alle |
| **Anstrich:** | oxydrot/gelb |

## Tm 2/2 93

Der 1971 durch die Firma Lokomotivfabrik Schöttler in Diepholz (SCHÖMA) gebaute Traktor gelangte 1981 in den Bestand der Rhätischen Bahn. Zuvor stand er auf Baustellen für den Tauern- und später für den Arlberg-Straßentunnel in Österreich im Einsatz. Nachdem die RhB das Fahrzeug für ihre Normen angepasst hatten (unter anderem z.B. Umspurung von 900 mm auf 1000 mm), konnte es 1982 in Untervaz in Betrieb genommen werden. Dadurch wurde auch der in die Jahre gekommen Tm 2/2 69 (1927) ersetzt. Durch seine spezielle Form ist seine Herkunft als Tunnellokomotive gut erkennbar. Das Fahrzeug ist mit nur einem Dieselmotor ausgestattet, der eine Leistung von 220 PS erbringt. Noch heute ist das Fahrzeug in Untervaz-Trimmis, das zwischen Landquart und Chur liegt, im Einsatz und bedient dort die Anschlussgleise. Gleichzeitig ist er auch für die Zusammenstellung der zahlreichen Zementwagen (auch Mohrenköpfe genannt) verantwortlich. Baugleiche oder sehr ähnliche Fahrzeuge findet man z.B. bei der TPF (ex GFM) als Tm 2/2 15, bei der MGB (ex BVZ) Tm 2/2 73 sowie auch bei der Appenzellerbahn (AB) mit dem Tm 2/2 98.

| Anzahl: | 1 |
|---|---|
| Vmax: | 35 km/h |
| Dienstgewicht: | 21 t |
| Stundenleistung: | 130 kW |
| Inbetriebsetzung: | 1971 (bei RhB 1981) |
| Anstrich: | orange |

# Tm 2/2 95–98

Ab 1998 lieferte die Firma Windhoff vier moderne Baudiensttraktoren an die RhB. Im Prinzip basieren sie auf den »Vorgängermodellen« Tm 2/2 81–84, besitzen aber eine modernere Ausrüstung. Motor und Führerkabine entsprechen dem damals aktuellen Stand. Ursprünglich waren nur zwei Traktoren bestellt, aber nach dem unfallbedingten Ausscheiden des Tm 2/2 82 wurden nochmals zwei identische Fahrzeuge geordert. Die Tm 2/2 95–98 dienen vor allem dem Gleisunterhalt und dem Bahndienst. Stationiert sind sie in der Regel in Arosa, Davos, Samedan und Zernez, werden aber dort eingesetzt, wo sie gerade gebraucht werden. Dank der für Traktoren ungewöhnlich hohen Höchstgeschwindigkeit von 80 km/h lassen sich die praktischen Fahrzeuge sehr flexibel einsetzen. Mit der Lieferung dieser vier modernen Dieseltraktoren konnte auch auf die beiden Te 2/2 74–75 verzichtet werden.

| Anzahl: | 4 |
|---|---|
| Vmax: | 80 km/h |
| Dienstgewicht: | 22 t |
| Stundenleistung: | 336 kW |
| Inbetriebsetzung: | 1998–1999 |
| Anstrich: | gelb |

# Tm 2/2 111–120

Die Firma Schöma (Diepholz) lieferte der RhB ab 2001 in zwei Serien insgesamt zehn moderne Rangiertraktoren mit Dieselantrieb. Sie ersetzen die älteren und leistungsschwächeren Tm 2/2 15–26 und verstärkten den Fahrzeugpark für den mittelschweren Rangierdienst. Zwischen den beiden Serien (111–114 und 115–120) bestehen einige Unterschiede, die optisch aber keinen großen Unterschied machen. Mit ihrer Leistung von über 300 kW können die Fahrzeuge problemlos im Rangierdienst größere Wagengruppen verschieben. Diese thermischen Traktoren lassen sich auf dem ganzen RhB-Netz flexibel einsetzen, da auf die Fahrleitungsspannung keine Rücksicht genommen werden muss. Optisch gleichen sie etwas den Traktoren der Serie Tmf 2/2 85–90, besitzen aber keine Funkfernsteuerung. Auf dem Netz der schmalspurigen Regionalverkehr Bern-Solothurn (RBS) sind mit den Tmf 2/2 165–166 und 167–168 ähnliche Fahrzeuge im Einsatz.

| | |
|---|---|
| **Anzahl:** | 10 |
| **Vmax:** | 50 km/h (geschleppt 60 km/h) |
| **Dienstgewicht:** | 23–24 t |
| **Stundenleistung:** | 317/324 kW |
| **Inbetriebsetzung:** | 2001–2006 |
| **Anstrich:** | orange |

# Taf 2/2 26591–26592

Mit Blick auf die Bschaffung der neuen Allegra-Triebzüge bestellte die RhB beim Hersteller Zagro (Bad Rappenau) zwei selbstfahrende Zweiwege-Verschubfahrzeuge für die Werkstätten in Landquart und Poschiavo. Das Schiene-/Straßenfahrzeug wird durch vier Elektromotoren angetrieben, die Energieversorgung erfolgt über 80 V Batterien. Die Fahrzeuge können über Funkfernsteuerung bewegt werden. In Landquart kommt das eine Fahrzeug auch zum Platzieren des Triebzugs auf der Unterflurdrehanlage zum Einsatz. Das Fahrzeug fährt sowohl im Strassen- wie auch im Schienenbetrieb auf den vier Vollgummirädern, dabei dienen die Schienenrollen ausschließlich der Spurführung. Die beiden Taf besitzen auf der einen Seite einen Kupplungsadapter, am anderen Fahrzeugende eine starre Standard-Zug- und Stossvorrichtung der RhB. Bei den 2010 beschafften Zweiwegefahrzeugen handelt es sich um die neuesten Dienstfahrzeuge im Fuhrpark der RhB.

| Anzahl: | 2 |
|---|---|
| Vmax: | 6 km/h (geschleppt 2 km/h) |
| Dienstgewicht: | 4,5 t |
| Stundenleistung: | 8 kW |
| Inbetriebsetzung: | 2010 |
| Anstrich: | gelb |

Schneeschleudern (elektrisch und dampfbetrieben) sind nach großen Neuschneefällen auf der Berninastrecke im Einsatz.  Foto: © RhB / Peter Donatsch

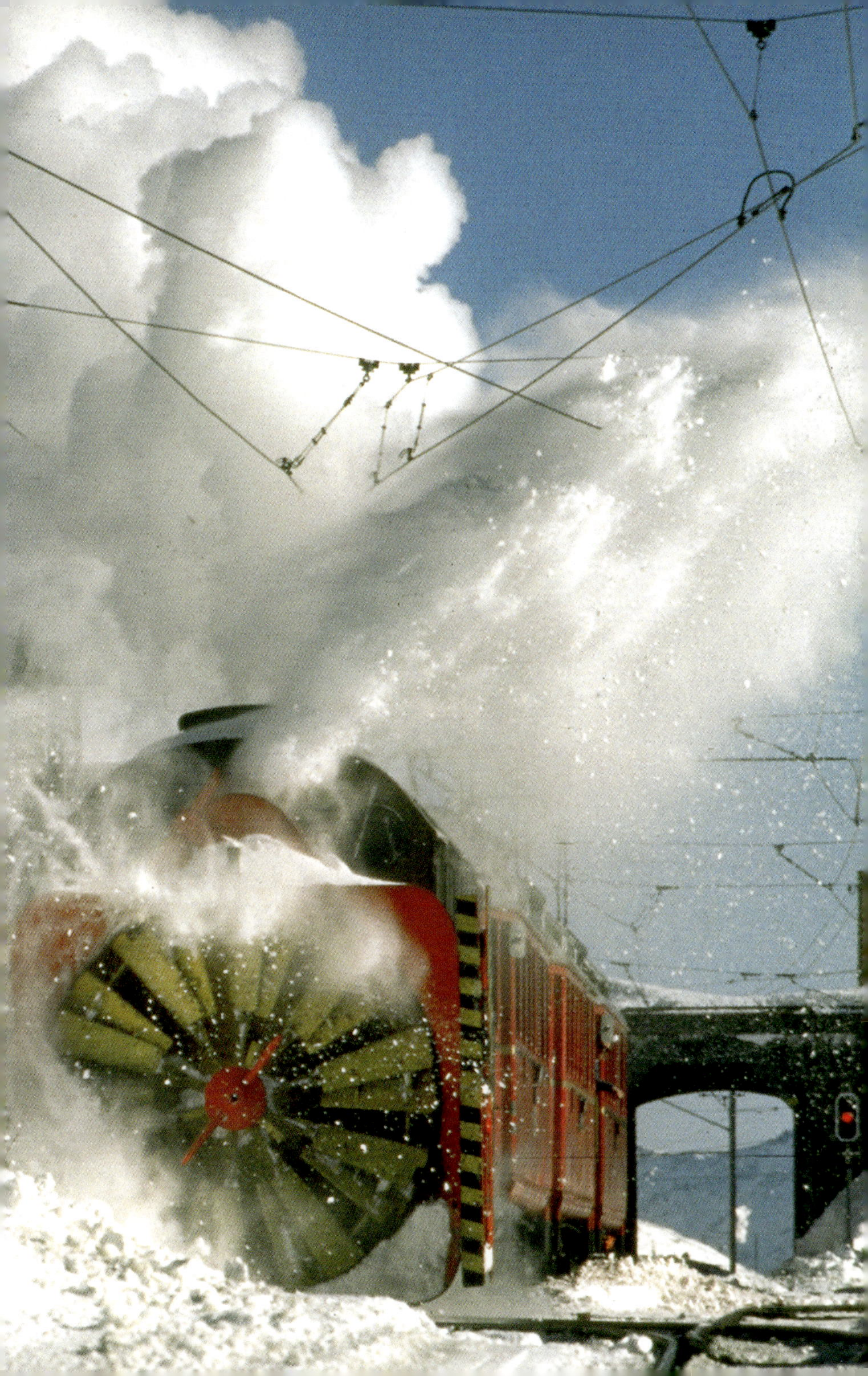

## 5. Dienstfahrzeuge

# Xrotd 9211–9212

Die positiven Erfahrungen der Berninabahn mit den beiden Dampfschneeschleudern 9213 und 9214 veranlasste die RhB, ebenfalls zwei ähnliche Fahrzeuge anzuschaffen. So lieferte die SLM 1913 zwei Dampfschneeschleudern, die anfänglich die Bezeichnung R 11 und 12 erhielten. Weil aber damals genügend Fahrzeuge für den Schubbetrieb vorhanden waren, wiesen diese beiden Fahrzeuge keinen Lokomotivantrieb auf. Allerdings verfügte das vordere zweiachsige Drehgestell für kürzere Manöver über einen Hilfsantrieb. Dadurch konnte die volle Kesselleistung für den Schleuderbetrieb genutzt werden. Im Gegensatz zu den sechsachsigen Bernina-Dampfschneeschleudern waren diese beiden Fahrzeuge lediglich vierachsig (ohne Tender). 1954 wurden die beiden Maschinen in Xrotd 9211 und 9212 umgezeichnet. Stationiert waren sie hauptsächlich in Samedan und Davos. Als dann Mitte der 1960er-Jahre neue Schneeschleudern in Betrieb genommen wurden, wurde die 9211 im Jahr 1966 ausrangiert und abgebrochen. Die 9212 nahm die RhB 1968 aus dem Dienst. Sie kam 1970 in die Obhut der Westschweizer Museumsbahn Blonay – Chamby (BC). 1996 gelangte sie bei einem Tausch gegen die 9214 an die Dampfbahn Furka-Bergstrecke (DFB). Längere Zeit war sie in Gletsch remisiert. Vor ein paar Jahren wurde die 9212 nach Goldau überführt, wo sie ein Team von Eisenbahnenthusiasten derzeit aufarbeitet.

| Anzahl: | 1 |
|---|---|
| Vmax: | 12 km/h (Schleuderbetrieb) |
| Dienstgewicht: | 58 t |
| Stundenleistung: | 440 kW |
| Inbetriebsetzung: | 1913 |
| Verkauf: | 9212 |
| Anstrich: | braun/grau |

Foto: Matthias Pioch

# Xrotd 9213–9214

Weil schon früh auf der damals eigenständigen Bernina-Bahn (BB) der Ganzjahresbetrieb eingeführt werden sollte, bestellte die BB bei der SLM 1910 und 1912 zwei sechsachsige Dampfschneeschleudern. Die beiden ursprünglich als G 2x 3/3 1051 und 1052 bezeichneten Fahrzeuge erhielten bei der Übernahme der BB durch die RhB 1943 die Nummern R 13 und 14. Ab 1954 waren sie als Xrotd 9213 und 9214 im Bestand eingereiht. Im Gegensatz zu den beiden Dampfschneeschleudern Xrotd 9211 und 9212 sind diese beiden selbstfahrend. Das Fahrzeug besteht aus einem imposanten Schleuderrad mit einem Durchmesser von 2,5 Metern, dem Fahrzeugkasten aus Holz sowie einem zweiachsigen Tender. Die Schleuder wird von drei Mann bedient: zwei Lokführer (1 Schleuderrad, 1 Fortbewegung) sowie ein Heizer. Die maximale Drehzahl des Schleuderrads beträgt 170 U/min, mit den seitlich ausfahrbaren Flügeln kann die Schleuder einen Weg von bis zu 3,5 Meter Breite von Schneemassen befreien. Die beiden Fahrzeuge waren hauptsächlich in Pontresina und Poschiavo stationiert. Erst als 1967 zwei elektrische Schneeschleudern angeschafft wurden, konnte auf die Dienste der beiden Xrotd mehrheitlich verzichtet werden und sie wurden in die Reserve abgedrängt. Die 9213 verblieb als Reserve in Pontresina und wird heute noch für spezielle Anlässe angeheizt und eingesetzt. Die 9214 war ab 1968 in Landquart stationiert und gelangte 1990 an die Dampf-

| | |
|---|---|
| Anzahl: | 2 |
| Vmax: | 36 km/h (Schleuderbetrieb 12 km/h) |
| Dienstgewicht: | 64 t |
| Stundenleistung: | 428 kW |
| Inbetriebsetzung: | 1910, 1912 |
| Verkauf: | 9214 |
| Anstrich: | rostbraun/braun |

bahn Furka-Bergstrecke (DFB). Da sich aber auf der DFB im Zahnstangenbereich Probleme herausstellten, konnte 1996 die 9214 gegen die 9212 (R 12), die damals schon im Besitz der Museumsbahn Blonay–Chamby (BC) war, getauscht werden. Sie kann heute auf dieser Bahnlinie oberhalb des Genfersees bewundert werden. Die Dampfschneeschleudern gehören zu den populärsten und beliebtesten Fahrzeugen der RhB. Sie haben eine riesige Fangemeinde. Als Schubfahrzeuge für diese Schleudern konnten diverse Fahrzeuge der Berninalinie verwendet werden.

## Xrotm 9214

Bei diesem im Jahr 2001 durch die Firma Zaugg gelieferten Fahrzeug handelt es sich um eine nicht selbstfahrende Schneefrässchleuder. Die beiden modernen Fräsaggregate erbringen eine beachtliche Räumleistung von 3.200 t/h. Das Schleuderrad hat einen Durchmesser von 1.000 mm und wiegt über 5 t. Die beiden Fräsaggregate können bei Bedarf auch einzeln verstellt werden. Mit diesem modernen Schneeräumungsfahrzeug können effizient und rasch größere Schneemengen besei-

| Anzahl: | 1 |
|---|---|
| Vmax: | 50 km/h |
| Dienstgewicht: | 16 t |
| Stundenleistung: | 500 kW |
| Inbetriebsetzung: | 2001 |
| Anstrich: | gelb |

tigt werden. In der Regel ist die 9214 in Landquart oder Davos stationiert. Bei anderen Schweizer Privatbahnen (WAB, TPC) sind ähnliche Fahrzeuge desselben Erbauers im Einsatz.

# Xrote 9215

1940 entstand in der Werkstätte Poschiavo als Eigenbau der damaligen Berninabahn diese elektrische Schneeschleuder. Als Basis diente ein früherer Küchenwagen (1928–1940, Xü 31), der ursprünglich sogar als Güterwagen (1908–1928, K 208) gebaut worden war. Die Schneeschleuder war auch deshalb nötig geworden, um nicht immer auf die zeit- und personalintensiven Dampfschneeschleudern zurückgreifen zu müssen. Zumal während des Zweiten Weltkrieges sowieso Kohleknappheit herrschte. Mit diesem Fahrzeug, welches immer mit einem Schubfahrzeug verkehren musste, konnte die Schneeräumung der Berninalinie viel rationeller erfolgen. Als Besonderheit konnte durch ein verstellbares Auswurfblech der Schleuderstrahl nach rechts oder links gelenkt werden. Bei der Berninabahn trug sie anfänglich noch die Nummer Xe 1003; ab 1943, als die Berninabahn einen Teil der RhB wurde, hieß sie dann R 15. Die Bezeichnung Xrote 9215 erhielt sie dann 1954. So verrichtete das Einzelstück fleißig die Schneeräumung, bis es 1967 durch die Lieferung von zwei größeren und leistungsstärkeren Schleudern in die Reserve verdrängt wurde. Gegen Ende ihrer Karriere war die Schneeschleuder in Pontresina stationiert, danach noch in Landquart, bis sie schließlich 1983 abgebrochen wurde.

| | |
|---|---|
| **Anzahl:** | 1 |
| **Vmax:** | 45 km/h |
| **Dienstgewicht:** | 21,5 t |
| **Stundenleistung:** | 286 kW |
| **Inbetriebsetzung:** | 1941 |
| **Ausrangierungen:** | 9215 |
| **Anstrich:** | braun |

# Xrotm 9216

Bei diesem Einzelstück im Bestand der RhB handelt es sich um eine Schneeschleuder mit reinem Dieselantrieb. Er gilt eigentlich als Prototyp einer für die damalige Zeit modernen Schneeschleuder-Konstruktion. Gebaut wurde das Fahrzeug 1958 durch die Firma Robert Aebi, Regensdorf (besser bekannt als RACO). Die Schleuder selber stammt von der Firma Beilhack aus Rosenheim. Sie ist wohl eine der allerersten Schneeschleudern, die ihre Schleuderräder resp. die Vorbauten seitlich (bis zu vier Meter) ausfahren kann. Genau aus diesem Grund eignet sich das Fahrzeug auch zur Schneeräumung innerhalb des Stationsgebietes. Dennoch ist sie im Vergleich zu den wuchtigen Dampfschneeschleudern eher als »Kleinfahrzeug« zu bezeichnen. Bevor 1981 eine neue Schleuder in Betrieb kam, trug die 9216 oft die Hauptlast der Schneeräumung auf der Albula-Nordseite, die sie auch zufriedenstellend ausgeführt hat, obwohl das Fahrzeug anfänglich gar belächelt wurde. Die Schneeschleuder ist nicht selbstfahrend und kommt mit einem Schubfahrzeug zum Einsatz. Mitte der 1980er-Jahre wurde die 9216 von Landquart nach Chur Sand (Depot der Linie Chur – Arosa) versetzt. Seither ist sie für die Schneeräumung auf dieser Linie zuständig und auch im gleichnamigen Depot stationiert. Entgegen aller anfänglichen Zweifel an der Praxistauglichkeit ist dieser Fahrzeugtyp als Erfolgsmodell zu bezeichnen, da später diverse andere Bahnen sehr ähnliche Fahrzeuge ebenfalls bei RACO orderten.

| | |
|---|---|
| Anzahl: | 1 |
| Vmax: | 50 km/h (Schleppfahrt) |
| Dienstgewicht: | 15 t |
| Schleuderleistung: | 162 kW |
| Inbetriebsetzung: | 1958 |
| Anstrich: | orange |

# Xrotmt 9217

Die 1981 gelieferte Schneeschleuder ist ein Gemeinschaftsprodukt der Firmen Beilhack (Rosenheim), Josef Meyer (Rheinfelden) und Deutz (Dieselmotoren). Die elektrischen Bauteile bauten die RhB größtenteils selber ein. Mit der Lieferung dieser großen und leistungsstarken Schleuder konnte endlich die kleine Xrotm 9216 entlastet werden. Die Schleuder ist nicht selbstfahrend, als Schublokomotiven dienen in der Regel die Gm 3/3 231–233 oder die Gm 4/4 242–243. Einsetzbar ist sie auf dem ganzen Stammnetz, Stationierungsort ist Landquart. Im Gegensatz zu den Bernina-Schneeschleudern hat die 9217 keine Elektromotoren für den Schleuderantrieb, sondern zwei Deutz-Dieselmotoren. Der Aufbau des Fahrzeugs ist auf dem Fahrgestell um 180 Grad drehbar. Bei maximaler Drehzahl kann eine Wurfweite von bis zu 40 m erreicht werden. Die in Andermatt stationierte Xrotm 4934 der ehemaligen FO (heute MGB) ist von gleicher Bauart. Mit der RhB 9217 gehören sie zu den größten Diesel-Schneeschleudern der Schweiz.

| | |
|---|---|
| **Anzahl:** | 1 |
| **Vmax:** | 50 km/h |
| **Dienstgewicht:** | 38 t |
| **Stundenleistung:** | 668 kW |
| **Inbetriebsetzung:** | 1981 |
| **Anstrich:** | orange |

# Xrotet 9218–9219

Die Lieferung der beiden rein elektrischen und mit Gleichstrom betriebenen Schneeschleudern Xrotet 9218 und 9219 für die Bernina-Linie bedeutete sogleich das Aus für die beiden Dampfschneeschleudern 9211 und 9212. Die 1967 durch die Firmen Beilhack und BBC gelieferten Schleudern werden von den Zweikraftlokomotiven Gem 4/4 oder von elektrischen Triebwagen geschoben, da sie wie ihre große Schwester 9217 nicht selbstfahrend sind. Der Aufbau ist wie bei vielen anderen Schleudern drehbar. Die Schneeräumleistung beträgt beachtliche 6.000 t pro Stunde. Lauffähig sind sie im Prinzip auf dem gesamten RhB-Netz, werden aber hauptsächlich auf der Bernina-Linie (ab Fahrdraht) eingesetzt. Stationiert sind sie in Pontresina und Poschiavo. Die RhB bestellte kürzlich zwei neue Schneeschleudern für die Bernina-Linie, woraufhin diese bald 45jährigen Fahrzeuge wohl in absehbarer Zeit vom RhB-Netz verschwinden dürften.

| Anzahl: | 1 |
|---|---|
| Vmax: | 50 km/h |
| Dienstgewicht: | 24,5 t |
| Stundenleistung: | 552 kW |
| Inbetriebsetzung: | 1967 |
| Anstrich: | orange |

# Xm 2/2 9911 (ex 9012)

Ende der 1920er-Jahre baute die Hauptwerkstätte unter Verwendung einiger Teile eines ausrangierten Wagens diesen kleinen Turmwagen. Am Bau mitbeteiligt war die Firma Scintilla aus Zuchwil. Der kleine Turmwagen besaß einen Benzinmotor, auf dem Dach war eine heb- und drehbare Arbeitsplattform vorhanden. Der Xm 2/2 9012, der 1950 in Xm 2/2 9911 gezeichnet wurde, war dem Fahrleitungsunterhalt in Samedan (später Landquart) zugeteilt. Er war nur auf dem Stammnetz zugelassen. 1968 war das Fahrzeug, das immer noch einen Holzaufbau besaß, in einen Unfall verwickelt, so dass es 1969 leider abgebrochen wurde.

| | |
|---|---|
| **Anzahl:** | 1 |
| **Vmax:** | 55 km/h |
| **Dienstgewicht:** | 6 t |
| **Stundenleistung:** | 26 kW |
| **Inbetriebsetzung:** | 1927 |
| **Ausrangierungen:** | 9012 |

Foto: Archiv RhB

# Xm 2/2 9912 (ex 9015)

Im Jahr 1929 baute die RhB in Eigenregie diesen Fahrleitungs-Turmwagen, der mit einem Benzinmotor von Daimler-Puch ausgerüstet wurde. Das in Landquart stationierte Fahrzeug erhielt zunächst die Nummer Xm 2/2 9015. Infolge einer 1950 eingeführten Umnummerierung für Dienstfahrzeuge erhielt der Turmwagen schließlich die Nummer 9912. Der Aufbau des Kastens bestand aus Holz. Das mit einem Dreigang-Getriebe ausgerüstet Fahrzeug diente hauptsächlich dem Fahrleitungsunterhalt im Raum Landquart. Das Fahrzeug blieb dann mehr oder weniger unverändert bis 1962 im Einsatz, ehe es abgebrochen und durch einen neuen Xm 2/2 9916 von RACO ersetzt wurde.

| | |
|---|---|
| **Anzahl:** | 1 |
| **Vmax:** | 40 km/h (geschleppt 50 km/h) |
| **Dienstgewicht:** | 6 t |
| **Stundenleistung:** | 22 kW |
| **Inbetriebsetzung:** | 1929 |
| **Ausrangierungen:** | 9912 |
| **Anstrich:** | grün oder grau/oxydrot |

Foto: Peter Willen

# Xm 2/2 9912

Bei diesem Einzelstück handelt es sich um einen Fahrleitungsturmwagen. Das 1962 durch RACO erbaute Dienstfahrzeug erinnert, was die Führerkabine betrifft, stark an die ebenfalls von RACO gelieferten Tm 2/2 15–26. Der neue Turmwagen diente als Ersatz für ein 1962 verschrottetes Fahrzeug, das dieselbe Aufgabe hatte und ebenfalls ab 1950 die Nummer 9912 trug. Anfänglich verfügte der Xm 2/2 über einen luftgekühlten SLM-Dieselmotor, der aber 1990 durch einen wassergekühlten Cummins-Dieselmotor ausgetuscht wurde. Nach dem in den 1990er-Jahren der Einbau einer Vakuumbremse erfolgte, kann das Fahrzeug nun auch Wagen bei größeren Gefällen mitführen. Der Fahrleitungsturmwagen ist auf dem gesamten RhB-Netz einsetzbar, was natürlich in der Planung und Flexibilität Vorteile schafft. Dennoch sind natürlich bei einer Leistung von 62 kW auch Grenzen gesetzt.

| Anzahl: | 1 |
|---|---|
| Vmax: | 45 km/h (geschleppt 60 km/h) |
| Dienstgewicht: | 12,5 t |
| Stundenleistung: | 62 kW |
| Inbetriebsetzung: | 1962 |
| Anstrich: | orange/gelb |

# Xm 2/2 9913

1934 beschaffte die Chur-Arosa-Bahn einen Fahrleitungsturmwagen, der durch die Firmen Puch und Daimler erbaut wurde. Der Xm 2/2 16 erhielt bei der Übernahme der Chur-Arosa-Bahn die Bezeichnung Xm 2/2 9037, die 1950 in Xm 2/2 9913 abgeändert wurde. Der ursprüngliche Achtzylinder-Viertakt-Benzinmotor wurde anlässlich eines größeren Umbaus 1957 durch einen Saurer-Dieselmotor ersetzt. Der Turm wird mit hydraulischer Vorrichtung gehoben. Das Fahrzeug war auch nach 1944 hauptsächlich auf der Arosa-Linie für den Fahrleitungsunterhalt im Einsatz und im Depot Chur Sand stationiert. 1995 wurde es zum Verkauf ausgeschrieben und fand bei der Montreux-Oberland Bernois (MOB) eine zweite Heimat. Es trägt immer noch den RhB-Anstrich, seine Bezeichnung lautet unterdessen Tm 4. Das Fahrzeug ist hauptsächlich in Les Avants anzutreffen.

| Anzahl: | 1 |
|---|---|
| Vmax: | 35 km/h (geschleppt 55 km/h) |
| Dienstgewicht: | 10 t |
| Stundenleistung: | 48 kW |
| Inbetriebsetzung: | 1934 |
| Anstrich: | braun/orange |

# Xm 2/2 9914

1950 bauten die RhB in Eigenregie auf dem Fahrgestell des ausrangierten Gepäckwagens F 4011 (Baujahr 1903) einen Fahrleitungsturmwagen, der die Bezeichnung Xm 2/2 9914 erhielt. Ebenfalls wurden Bauteile von ausrangierten Fahrzeugen (Ge 2/4, Ge 4/6, Bernina-Triebwagen) weiterverwendet. Mit diesem Fahrzeug verfügte die RhB neben den zwei älteren Turmwagen über ein leistungsfähigeres Fahrzeug für den Fahrleitungsdienst, das bei Bedarf auch mehrere Wagen mitführen konnte. Bei dem Fahrzeug, das einen dieselelektrischen Antrieb besitzt, diente der Stromabnehmer lediglich zum Beobachten und Vermessen der Fahrdrahtlage. 1965 wurde das Untergestell erneuert. Die Arbeitsbühne wird hydraulisch der benötigten Höhe angepasst. Der Xm 2/2 9914 diente hauptsächlich dem Unterhalt der Fahrleitung und kam auf dem Stammnetz und der Chur-Arosa-Linie zum Einsatz. 1997 erhielt es einen neuen Motor von Mercedes, worauf es aber etwas an Leistung einbüsste. 2008, nach 68 (!) Jahren im Dienst der RhB, trennte sich die Bahngesellschaft von dem Fahrzeug und verkaufte es an die MOB. Dort ist es nach wie vor mit seiner neuen Bezeichnung Tm 7 im Einsatz und trägt immer noch das für die RhB-Dienstfahrzeuge typische Gelb.

| | |
|---|---|
| **Anzahl:** | 1 |
| **Vmax:** | 50 km/h (geschleppt 60 km/h) |
| **Dienstgewicht:** | 21 t |
| **Stundenleistung:** | 123 kW (später 90 kW) |
| **Inbetriebsetzung:** | 1950 |
| **Verkauf:** | 9914 |
| **Anstrich:** | grün/oxydrot/orange/gelb |

# Xm 2/2 9915

Die guten Erfahrungen mit dem Xm 2/2 9914 veranlassten die RhB, 1958 ein ähnliches Fahrzeug zu beschaffen. An dem Bau waren mehrere Firmen beteiligt: Die Fahrmotoren stammten wie schon bei anderen Fahrzeugen von ausrangierten Bernina-Triebwagen, der Generator von MFO und der Dieselmotor von Saurer. Außerdem war am Bau auch noch die Firma Pfingstweid AG aus Zürich beteiligt. Dieser dieselelektrische Turmtriebwagen besaß eine hydraulische Hebebühne im Dach, der Stromabnehmer diente nur zur Schutzerdung oder zur Kontrolle der Fahrleitung. Das Fahrzeug war meistens in Landquart stationiert, wurde aber auf dem gesamten Streckennetz eingesetzt. 1995 wurde der Turmtriebwagen neu motorisiert, dadurch konnte die Leistung ein wenig erhöht werden. Es bewährte sich gut, dennoch konnte nach über einem halben Jahrhundert auf die Dienste des Xm 2/2 9915 verzichtet werden, zumal mittlerweile einige modernere und komfortablere Dienstfahrzeuge auf dem Netz der RhB vorhanden waren. 2010 erfolgte die Ausrangierung mit anschließendem Abbruch.

| Anzahl: | 1 |
|---|---|
| Vmax: | 50 km/h (geschleppt 60 km/h) |
| Dienstgewicht: | 22 t |
| Stundenleistung: | 140 kW |
| Inbetriebsetzung: | 1958 |
| Ausrangierungen: | 9915 |
| Anstrich: | grün/oxydrot/gelb |

# Xm 2/2 9916

Der diesel-elektrische Turmwagen, der 1963 bei der RhB in Betrieb genommen wurde, ist ein Produkt der Firmen RACO und Deutz (Motor). Er ersetzte den alten Turmwagen 9911. Im Gegensatz zu seinem Vorgänger 9912 erhielt der 9916 einen Wagenkasten, der über die ganze Länge des Fahrgestells reichte. Die Arbeitsbühne wird elektrisch angetrieben, 1992 erhielt er eine hydrostatische Antriebsanlage. Sein maximales Ladegewicht beträgt 3,5 t. Der Xm 2/2 9916 hat zwar eine Zulassung für das Stammnetz, wird aber speziell auf der Bernina-Linie von Poschiavo aus eingesetzt. Das Fahrzeug trug im Laufe der Zeit drei verschiedene Farbkleider.

| | |
|---|---|
| **Anzahl:** | 1 |
| **Vmax:** | 40 km/h (geschleppt 60 km/h) |
| **Dienstgewicht:** | 13 t |
| **Stundenleistung:** | 90 kW |
| **Inbetriebsetzung:** | 1963 |
| **Anstrich:** | oxydrot/orange/gelb |

# Xm 2/2 9917

Im Jahr 1973 baute die RhB in Zusammenarbeit mit der Firma Stadler ein dieselelektrisches Dienstfahrzeug. Dabei verwendete man vorhandenes Material aus Lagerbeständen. Die Motoren des Xm 2/2 9917 stammen von einem ausrangierten Bernina-Triebwagen (ABe 4/4 33).

Dieser Fahrleitungsturmwagen ist in Landquart stationiert und auf dem ganzen RhB-Netz einsatzfähig. Er besitzt auf dem Dach eine hydraulische Hebebühne, der Stromabnehmer dient zur Schutzerdung oder zur Kontrolle der Fahrleitung. 1997 wurde der Xm 2/2 9917 modernisiert und erhielt einen neuen Deutz-Dieselmotor. Das praktische Fahrzeug ist mit diversen Einrichtungen ausgestattet: Halogenscheinwerfer, heizbare Fenster, Bordnetz-Stromversorgung etc. Der gelbe Kasten sowie die relativ modernen Fronten geben ihm ein gefälliges Aussehen.

| | |
|---|---|
| **Anzahl:** | 1 |
| **Vmax:** | 50 km/h (geschleppt 60 km/h) |
| **Dienstgewicht:** | 27 t |
| **Stundenleistung:** | 220 kW |
| **Inbetriebsetzung:** | 1973 – 1974 |
| **Anstrich:** | oxydrot/gelb |

# Xmf 4/4 9918-9919

1994 lieferte die Firma Windhoff diese beiden modernen Fahrleitungs-Unterhaltswagen, die auf dem ganzen Netz eingesetzt werden können. Sie besitzen einen Kontrollstromabnehmer, der auch zur Schutzerdung der Fahrleitung verwendet wird, und können außer von den beiden Endführerständen aus auch über ein tragbares Bedienungspult bewegt werden. Die Arbeitsbühne ist frei drehbar, der Kran kann bis auf eine Höhe von 16 Metern ausgefahren werden. Außerdem verfügen die Xmf 4/4 über einen Werkstattraum, einen Messplatz, Vorrichtungen für Elektroschweißung etc. Mit diesen beiden multifunktionalen Fahrzeugen sind bei Bedarf relativ kurzfristig verschiedenste Arbeiten auf dem ganzen RhB-Netz möglich. Im Gegensatz zu diversen älteren Turmwagen und anderen Dienstfahrzeugen unterscheiden sich die beiden Xmf 4/4 durch den viel leichteren Bedienungskomfort und die bestmögliche Ausstattung an brauchbarem Arbeitsutensil für den Baudienst.

| Anzahl: | 2 |
|---|---|
| Vmax: | 60 km/h (geschleppt 90 km/h) |
| Dienstgewicht: | 47 t |
| Stundenleistung: | 485 kW |
| Inbetriebsetzung: | 1994 |
| Anstrich: | gelb |

# Xmf 2/2 9921

1994 lieferten RACO und die Maschinenfabrik Moog (Deggenhausertal) der RhB dieses Dienstfahrzeug, das der Brückeninspektion dient. Damit ist es dem Personal möglich, dank des Brückenuntersichtsgerätes Viadukte und Brücken von unten zu betrachten und auch zu warten. Dieses ausfahrbare Gerät erreicht horizontal eine max. Länge von 11,5 m, vertikal 13 m, kann aber auch durch einen Ladekran ausgetauscht werden, womit es dann als Bahndiensttraktor dient (er gleicht dann in seiner Funktion den Tm 2/2 81–84, besitzt aber den gleichen Dieselmotor wie die Tmf 2/2 85–90). Dieses Mehrzweckfahrzeug ist auf dem ganzen RhB-Netz einsetzbar. Die Nummer 9921 gab es bereits schon einmal: ein alter Bernina Triebwagen BCe 4/4 6, der zum Hilfswagen Xe 4/4 9921 umgebaut worden war; er wurde 1969 ausrangiert und 1973 abgebrochen.

| | |
|---|---|
| **Anzahl:** | 1 |
| **Vmax:** | 60 km/h |
| **Dienstgewicht:** | 29 t |
| **Stundenleistung:** | 336 kW |
| **Inbetriebsetzung:** | 1994 |
| **Anstrich:** | gelb |

# Xmf 2/2 9925

Bei diesem Fahrzeug handelt es sich um ein im Jahr 2002 durch die Firma Holder geliefertes Zweiwege-Fahrzeug des Typs C 9800 H. Das Fahrzeug ist in Selfranga stationiert und der Unterhaltswerkstätte zugeteilt. Seine Hauptaufgabe besteht (hauptsächlich im Sommer) im Manövrieren der dritten Autozugkomposition, die sich werktags im Unterhalt befindet. Mit dem 9925 können maximal 13 Zwischenwagen, zwei Auffahrwagen sowie ein Steuerwagen bewegt werden. Auf der Führerkabinenseite besitzt das Fahrzeug eine BSI-Kupplung, auf der Hinterseite eine normale RhB-Kupplung. Je nach Einsatzzweck muss er gewendet werden. Im Schienenbetrieb kann der Xmf 9925 mittels Fernbedienung bewegt werden. Auf dem Netz der RhB besitzt er lediglich eine Zulassung für Selfranga, im Straßenbereich hingegen kann er überall eingesetzt werden. Im Winter wird er so gut wie nicht gebraucht, weil er bei Schnee mit seinen Gummirädern keinen Halt findet und ein Vorwärtskommen kaum möglich ist.

| | |
|---|---|
| Anzahl: | 1 |
| Vmax: | 10 km/h (40 km/h mit angehobenen Pneurädern) |
| Dienstgewicht: | 4 t |
| Stundenleistung: | kW |
| Inbetriebsetzung: | 2002 |
| Anstrich: | orange |

# Xm 2/2 9926–9929

Bei diesen vier Zweiwege-Fahrzeugen (Straße/Schiene) handelt es sich um zwei Rettungsfahrzeuge (9928 u. 9929) und zwei Tanklöschfahrzeuge (9926 u. 9927). Die Fahrzeuge gehören der RhB und wurden 2007 durch die Firma Brändle geliefert. Das überarbeitete Sicherheits- und Rettungskonzept der RhB verlangte insbesondere für die zahlreichen Tunnels neue und moderne Fahrzeuge für den Notfall. Die beiden Tanklöschfahrzeuge verfügen u.a. über folgende Möglichkeiten zur Brandbekämpfung: Schaum, Sprühnebel, Wassernebel, Vollstrahl etc. Außerdem sind die Fahrzeuge mit Innenbeleuchtungen, Suchscheinwerfern, Wärmebildkameras, Gasmessgeräten und Funkgeräten ausgestattet. Der Löschmittelbehälter verfügt über

| Anzahl: | 4 |
|---|---|
| Vmax: | 35 km/h |
| Dienstgewicht: | ca. 10 t |
| Stundenleistung: | 162 kW |
| Inbetriebsetzung: | 2007 |
| Anstrich: | hellgrün |

ein Volumen von ca. 1.000 Litern. Obwohl die Fahrzeuge primär für die Einsätze auf Bahnanlagen gedacht sind, können sie auch für andere Dienste verwendet werden. Bei Bedarf kann eine Anhängelast von immerhin 3,5 t mitgeführt werden. In den beiden Rettungsfahrzeugen hätten im Notfall bis zu 20 Personen Platz. Stationiert sind die Fahrzeuge in der Regel in Bergün, Lavin, Susch und Klosters.

# Xmf 6/6 920 20

Im Jahr 2007 liefert die österreichische Firma Plasser & Theurer diesen technisch interessanten Fahrleitungsturmwagen mit Kran. Da das Fahrzeug dem modernen Fahrleitungsbau sowie wirtschaftlichem Fahrleitungsunterhalt genügen muss, wurde durch die RhB auch wegen der verschiedenen Anforderungen eine sechsachsige Konstruktion gewählt. Die beiden Dieselmotoren treiben alle sechs Achsen der drei zweiachsigen Drehgestelle an. An den Fahrzeugenden befindet sich je eine Kabine, dazwischen die frei schwenkbare Hubarbeitsbühne. Die eingebaute Funkfernsteuerung gehört ebenso zum heutigen Standard solcher Fahrzeuge wie zum Beispiel der Partikelfilter oder Motoren, die den neuesten Abgasvorschriften entsprechen. Mit diesem sehr flexibel einsetzbaren Fahrzeug, das auf dem ganzen Netz der RhB zugelassen ist, konnte auf ältere Fahrzeuge, welche ebenfalls dem Fahrleitungsbau und -unterhalt dienten, verzichtet werden.

| Anzahl: | 1 |
|---|---|
| Vmax: | 90 km/h |
| Dienstgewicht: | 69 t |
| Stundenleistung: | 790 kW |
| Inbetriebsetzung: | 2007 |
| Anstrich: | gelb |

# 6. Erklärungen der Abkürzungen

| | |
|---|---|
| ABB | Asea Brown Boveri, Baden |
| AEG | Allgemeine Elektrizitäts-Gesellschaft, Berlin |
| Alioth | Elektrizitätsgesellschaft Alioth, Münchenstein |
| BB | Berninabahn |
| BBC | Brown Boveri & Cie, Baden |
| BM | Ferrovia Elettrica Bellinzona - Mesocco |
| ChA | Chur-Arosa-Bahn |
| Deutz | Klöckner-Humboldt-Deutz, Köln |
| DFB | Dampfbahn Furka-Bergstrecke |
| FFA | Flug- und Fahrzeugwerke Altenrhein |
| FO | Furka-Oberalp-Bahn |
| Gmeinder | Gmeinder, Mosbach |
| LD | Schmalspurbahn Landquart–Davos AG |
| Maffei | J.A. Maffei AG, München |
| MaK | Maschinenbau, Kiel |
| MFO | Maschinenfabrik Oerlikon, Zürich |
| MGB | Matterhorn-Gotthard-Bahn |
| Moyse | Moyse SA, Paris (F) |
| RACO | Robert Aebi & Co., Zürich |
| RBS | Regionalverkehr Bern-Solothurn |
| RhB | Rhätische Bahn |
| Rieter | Rieter, Winterthur |
| Ringhoffer | Waggonfabrik Ringhoffer, Prag (Tschechien) |
| SAAS | SA des Ateliers de Sécheron, Genève |
| Schöma | Lokomotivfabrik Schoettler, Diepholz |
| SIG | Schweizerische Industriegesellschaft, Neuhausen (SH) |
| SLM | Schweizerische Lokomotiv- und Maschinenfabrik, Winterthur |
| Stadler | Stadler Fahrzeuge, Bussnang |
| SWA | Schindler Waggon AG, Altenrhein |
| SWS | Schweizerische Wagons- und Aufzügefabrik, Schlieren |
| Windhoff | Windhoff, Rheine |
| Zagro | Zagro, Bad Rappenau |

**Die RhB im Internet**
www.rhb.ch
www.club1889.ch
www.historic-rhb.ch
www.dampfvereinrhb.ch
www.verein-pro-salonwagen.ch

# 7. RhB Triebfahrzeuge
# bei Privatbahnen/Museumsbahnen etc.

| Typ | Nr. | Bemerkung | Status |
|---|---|---|---|
| ABe 4/4 | 487 | Chemins de fer du Jura, als Bef 4/4 641 | in Betrieb |
|  | 488 | Chemins de fer du Jura, als Bef 4/4 642 | in Betrieb |
| ABe 4/4 | 35 | Chemin de fer musée Blonay-Chamby (BC) | in Betrieb |
| BDe 4/4 | 491 | Società Esercizio Ferroviario Turistico (SEFT), als BDe 4/4 6 | in Betrieb |
| CFm 2/2 | 150 | ex FO, ex Verkehrshaus Luzern, im Besitz des DFB | Revision |
| Dm | — | ausgestellt im Verkehrshaus Luzern (VHS) | Denkmal |
| Dm | — | Chemin de fer musée Blonay-Chamby (BC) | in Betrieb (?) |
| G 3/4 | 11 | club 1889 | Revision |
|  | 14 | Dampflokverein AB, Herisau | abgestellt |
| Ge 2/4 | 205 | club 1889, ex Denkmal Technikum, Winterthur | abgestellt |
|  | 207 | ausgestellt im Verkehrshaus Luzern (VHS) | Denkmal |
| Ge 2/4 | 212 | Paccot (FR), Modelleisenbahnanlage Käserberg | Denkmal |
| Ge 4/4 | 182 | club 1889, ex SGLM La Mure (F) | in Betrieb |
| Ge 6/6 | 181 | Chemin de fer musée Blonay-Chamby (BC) | in Revision |
| Ge 6/6' | 402 | ausgestellt im Verkehrshaus Luzern (VHS) | Denkmal |
|  | 406 | Bahnmuseum Kerzers, ex Denkmal Adtranz Pratteln | Denkmal |
|  | 407 | Denkmal in Bergün, ex Denkmal Bank ZH Altstetten | Denkmal |
| Tm 2/2 | 68 | Dampfbahn Furka - Bergstrecke, Dieselcrew | in Betrieb |
| Tm 2/2 | 91 | Dampfbahn Furka - Bergstrecke, Dieselcrew | in Betrieb |
|  | 92 | Dampfbahn Furka - Bergstrecke, Dieselcrew | in Betrieb |
| Xm 2/2 | 9913 | MOB Montreux Oberland bernois / Golden Pass, als Tm 4 | in Betrieb |
| Xm 2/2 | 9914 | MOB Montreux Oberland bernois / Golden Pass, als Tm 7 | in Betrieb |
| Xrotd | 9212 | Dampfbahn Furka - Bergstrecke, Dieselcrew | Revision |

# 7. RhB Triebfahrzeuge

## im Ausland (noch vorhanden)

| | | | |
|---|---|---|---|
| ABDe 4/4 | 484 | Chemin de fer de la Mure, St-Georges-de-Commières (F) | abgestellt |
| | 486 | Chemin de fer de la Mure, St-Georges-de-Commières (F) | abgestellt |
| G 4/5 | 118 | Denkmal Bahnhof Chiang Mai, Thailand | Denkmal |
| | 123 | Werkstätte Makkasan, Bangkok, Thailand | abgestellt |
| Ge 4/6 | 391 | Museum, Berlin | Denkmal |
| | 411 | Museum, München | Denkmal |
| Tm 2/2 | 15 | Baie de la Somme, Frankreich | in Betrieb (?) |
| | 21 | Baie de la Somme, Frankreich | in Betrieb (?) |

## im Ausland (nicht mehr vorhanden)

| | | | Abbruch ca. |
|---|---|---|---|
| G 3/4 | 3 | Luxembourg | 1954 |
| | 4 | Luxembourg | 1954 |
| | 5 | Luxembourg | 1954 |
| G 3/4 | 6 | Brasilien | ? |
| G 3/4 | 12 | Spanien | 1970 |
| G 2x 2/2 | 21 | Brasilien | 1939 (?) |
| | 22 | Brasilien | 1939 (?) |
| G 2/3 + 2/2 | 25 | Madagaskar | 1951 |
| | 26 | Spanien | 1968 |
| | 28 | Spanien | 1968 |
| | 29 | Madagaskar | 1951 / 59 (?) |
| | 30 | Madagaskar | 1951 / 59 (?) |
| | 31 | Madagaskar | 1951 |
| | 32 | Madagaskar | 1951 / 59 (?) |
| G 4/5 | 101 | Brasilien | 1939 (?) |
| | 102 | Spanien | 1970 |
| | 103 | Brasilien | 1939 (?) |

## 7. RhB Triebfahrzeuge
# im Ausland (nicht mehr vorhanden)

|  |  |  | Abbruch ca. |
|---|---|---|---|
| G 4/5 | 104 | Spanien | 1970 |
|  | 105 | Spanien | 1970 |
|  | 106 | Spanien | 1970 |
|  | 109 | Spanien | 1970 |
|  | 110 | Spanien | 1970 |
|  | 111 | Spanien | 1970 |
|  | 112 | Thailand | 1956 |
|  | 113 | Thailand | 1954 |
|  | 114 | Thailand | 1950 |
|  | 115 | Thailand | 1950 |
|  | 116 | Thailand | 1953 |
|  | 117 | Thailand | 1950 |
|  | 119 | Thailand | 1954 |
|  | 120 | Thailand | 1954 |
|  | 121 | Thailand | 1959 |
|  | 122 | Thailand | 1965 |
|  | 124 | Thailand | 1964 |
|  | 125 | Thailand | 1953 |
|  | 126 | Thailand | 1956 |
|  | 127 | Thailand | 1961 |
|  | 128 | Thailand | 1958 |
|  | 129 | Thailand | 1950 |

Für die Daten des Abbruchjahres gibt es laut verschiedener Quellen und persönlichen Abklärungen verschiedene Angaben, sodass an anderer Stelle abweichende Angaben zu finden sein können.

Der Glacier Express unterwegs im Val Bever.
Foto: © RhB / Andrea Badrutt

# Typenkunde

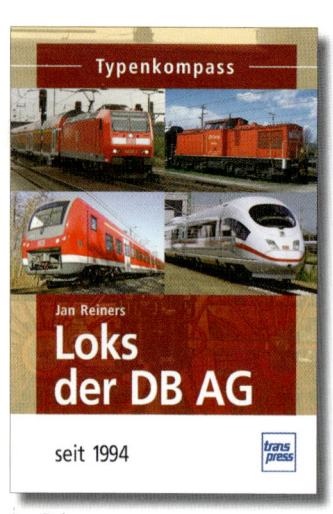

**Jan Reiners**
**Loks der DB AG seit 1994**
128 Seiten, 123 Bilder, Format 140 x 205 mm
ISBN 978-3-613-71384-0  € 9,95

**Cyrill Seifert**
**Loks der SBB**
128 Seiten, 120 Bilder, Format 140 x 205 mm
ISBN 978-3-613-71387-1  € 9,95

**Heinrich Petersen**
**Loks der Deutschen Bundesbahn 1949-1993**
128 Seiten, 127 Bilder, Format 140 x 205 mm
ISBN 978-3-613-71388-8
€ 9,95

**Roland Beier**
**Loks der ÖBB**
136 Seiten, 115 Bilder, Format 140 x 205 mm
ISBN 978-3-613-71413-7
€ 9,95

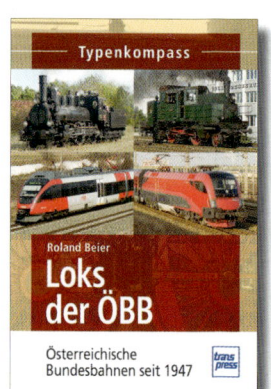

IHR VERLAG FÜR EISENBAHN-BÜCHER
Postfach 10 37 43 · 70032 Stuttgart
Telefon: 01805/00 41 55*; Fax: 01805/959 729*
www.transpress.de
*0,14 €/Min. aus dem dt. Festnetz, max 0,42 € pro Minute aus Mobilfunknetzen

Stand August 2011
Änderungen in Preis und Lieferfähigkeit vorbehalten